비관주의자를 위한 낙관주의 수업

비관주의자를 위한
낙관주의 수업

델핀 뤼쟁뷜 · 오렐리 페넬 지음
박태신 옮김

기지
KINDS
BOOK

차례

서문 *9*

프랑스인들은 불평분자다
비관주의에 빠지기 딱 좋은 상황
프랑스는 '왕 비관주의'의 나라

1

낙관주의의 힘

제1강. 낙관주의란 무엇인가

대중의 답변 / 공인된 정의 / 명사들의 명언 18

긍정심리학이 정의하는 낙관주의 19

낙관주의자는 이런 사람이 아니다 25

낙관주의는 세상을 바라보는 하나의 방식이다 29

제2강. 낙관주의는 너그러워야 한다

낙관주의와 너그러움이 분리될 수 없는 이유 34

자기 자신에게 너그러운 낙관주의 35

상대에게 너그러운 낙관주의 43

제3강. 낙관주의를 통한 이익

낙관주의는 건강에 유익하다 52

성과에 도움이 되는 너그러운 낙관주의 62

행복을 불러오는 낙관주의 73

감정 전이 현상 80

2
낙관주의로 가는 길

제4강. 선천적일까, 후천적일까?

당신은 행운아야 *90*
천성적으로 너그러운 사람 *91*
타고난 낙관주의자? *94*
나의 성향은 어떠한가? *97*
유전 / 환경 / 자유의지 *99*

제5강. 걸림돌 제거하기

내재적 걸림돌 *106*
주위 사람들과 관련된 걸림돌 *112*
피해야 할 함정 *117*

제6강. 정신적 장애물과 부정적 생각 극복하기

부정적인 생각을 없애라 *124*
반박의 기법 *128*
힘든 상황에서도 긍정적인 면을 찾아내라 *130*
부정적인 생각을 받아들여라 *131*

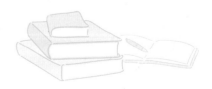

3
낙관주의자 되기

제7강. 긍정적인 감정 품기

호흡하라 *140*
자연을 곁에 두라 *142*
나만의 행복 원동력을 찾아보라 *143*
가장 중요한 것이 무엇인지 되물어라 *146*
긍정적인 마음을 가져라 *151*

제8강. 긍정적인 감정 키우기

현재 순간을 누려라 *158*
자아상을 지지하라 *160*
매일 좋았던 일 세 가지를 떠올려보라 *163*
계획을 세워라 *166*

제9강. 긍정적인 감정 나누고 퍼뜨리기

미소를 간직하라 *172*
유머를 발휘하라 *173*
의지할 수 있는 사람을 곁에 두라 *175*
감사한 마음을 품고 표현하라 *178*
의식적으로 선행을 베풀어라 *183*
너그러운 마음으로 소통하라 *185*
낙관주의를 유지하고 북돋아라 *192*
자신의 몫을 하라 *199*

역자 후기 *206*

이 책 덕분에 당신은 삶을 다른 시각으로 보게 될 것이다.
미소를 머금게 하는 책이다!

_____ 프랑수아 베를레앙, 프랑스 영화배우

긍정적인 생각은 성공의 비결 중 하나다.
이 작은 책이 목표를 향해 직진하도록 당신을 도울 것이다.

_____ 장-피에르 파팽, 전 프랑스 축구 국가대표

서문

어느 월요일 아침, 늘 그랬던 것처럼 마음을 추스르며 수도권 고속 전철을 탔다. 서둘러 아들을 학교까지 데려다준 다음, 회의 시간에 늦지 않도록 8시 39분 열차를 타려고 역 플랫폼으로 달렸다. 으음, 이내 늦었다는 것을 깨달았다. 다음 열차가 오기를 기다리며 발을 동동 구르는 동안 짜증이 났다. 곧 만원 열차가 도착했고 상황은 더 괴로워졌다. 꽉 찬 열차 안의 나는 궤짝 속 생선 꼴이었고, 불행한 시절을 함께 보낸 사람들과 찜찜한 합숙이라도 하는 듯했다.

문득 내 모습을 인식하고 충격을 받았다. 대부분의 다른 승객들처럼 나 역시 한숨짓고 멍하니 하늘을 올려다보며 이 상황을 곱씹으며 불평하고 있었다!

부정적인 생각을 '스톱'해야 했다. 그러자 동료와 함께 너그러운 낙관주의를 심도 있게 다루는 책을 써야겠다는 생각이 들었다. 불만을 늘어놓거나 부정적 생각들을 곱씹는 짓을 계속할 수는 없었다.

그때부터 열차 안을 둘러보며 사람들을 관찰했다. 그들은 파리의 교통공사, 비, 일, 회사 경영자, 정부, 교육제도 등 온갖 것들을 들먹이며 투덜대고 있었다! 왜 그렇게들 불평만 늘어놓게 되었을까?

프랑스인들은 불평분자다

프랑스인들(특히 파리 사람)은 불평이 많고 비관적이라고 널리 알려져 있다. 근거 없이 프랑스인들을 공격하려는 것일까 아니면 사실에 바탕을 둔 평가일까? 예를 들어 주변 유럽 국가에서 온 관광객들은 프랑스인들을 무례하고 교만하며 잘난 체하고, 불평이 많은 사람으로 인식하고 있다. 이와 관련한 여러 연구 논문들은 프랑스인들이 불평분자라는 오명이 음모론자들의 터무니없는 주장은 아니라고 설명한다.

프랑스인도 자신들이 스포츠 경기 관람이라도 할라치면 화내고 욕 퍼붓기 일쑤인 특유의 국민성이 드러난다는 사실을 잘 알고 있다. 실제로 2010년 한 기관에서 실시한 설문조사에서 응답자 중 93퍼센트가 프랑스인들이 자주 또는 아주 자주 불평을 늘어놓는 편이라고 답했다.

게다가 전 세계 '불평분자 국가' 순위를 가리는 조사에서 프랑스는 72퍼센트의 득표율을 얻어 제일 높은 순위에 올랐다.

"왜 불평을 합니까?"라는 질문에 거침없는 답변들이 쏟아져 나왔다.

- 불평도 하고 화도 내며 살아야 해요. 안 그러면 남에게 무시당합니다.
- 제 성격이 원래 그래요.
- 화내는 게 도움 될 때가 많고 긴장도 풀어줘요.

위 답변 중 한두 가지에 공감한다면 이 책을 읽어보자. 당신의 생각을 넓혀줄 것이다.

비관주의에 빠지기 딱 좋은 상황

국수주의적 성향이 강한 사람들은, 프랑스인들이 현실적이고 프랑스의 현실 상황에서 낙관주의를 추구하기가 쉽지 않다는 주장을 하면서 자신들의 행동을 정당화한다.

우리는 늘 환경오염, 경제위기, 사회 양극화, 범죄 등 모면하고 싶은 상황들에 직면한다. 설령 이런 기분 좋지 않은 정보에 주목하고 싶지 않더라도, 대중매체가 부정적인 뉴스를 꾸준히 보도하므로 그것을 피하기는 사실상 불가능하다. 대중매체의 속성상 뉴스는 건전한 활동과 좋은 소식을 전하기보다 노이즈 마케팅을 부추길 때가 더 많다. 그러므로 대중매체는 우리 사회가 우울 모드를 유지하는 데 큰 역할을 담당한다.

물론 다른 나라도 비슷한 경향이 있지만 현재로써는 프랑스가 으뜸에 가까운 비관주의 나라임을 인정할 수밖에 없다.

프랑스는 '왕 비관주의'의 나라

프랑스여론연구소(IFOP)에 따르면 지난 수십 년 중 2014년이 프랑스인들의 사기가 가장 저하된 해인데, 낙관주의자가 겨우 29퍼센트에 불과했다. 프랑스인 중 43퍼센트만이 자신이 "행복하다" 또는 "아주 행복하다"라고 답했는데, 조사 대상 국가 평균인 70퍼센트와 비교가 안 될 정도다.[1] 이런 경향은 매년 반복된다. 프랑스인들은 여전히 가장 비관적인 사람들에 속하고, 사회·경제적 상황이 아주 안 좋은 나라를 비롯해 심지어 분쟁 국가(이라크, 니제르 등)의 국민들보다 훨씬 더 비관적이다.

당연히 '왕 비관주의의 나라' 국민들은 향정신성 의약품(항우울제, 항불안제 등) 소비량도 많아서, 항우울제 매출액이 1980

---

[1] BVA-WIN의 2014년 보고서에서 참조했다. 전 세계 65개국 4만 명 이상을 대상으로 미래에 대한 신뢰도를 국제지표에 따라 조사한 결과다.

년에서 2001년 사이에 6.7배 상승했다. 우울증과 번아웃 증후군은 이제 평범한 사회현상이 돼버렸다.

그렇다고 프랑스 국민의 행복감 쇠퇴에 대책이 없는 것은 아니다. 우리는 너그러운 낙관주의가 이런 경향을 바꿀 수 있는 열쇠라고 확신한다.

행복으로 향하는 길은 멀고도 험난하지만, 개인적으로 그리고 집단적으로 지향해야 할 길이다. 행복을 함께 공유하는 세상을 만들어보자. 너그러운 낙관주의 행렬에 동참하자. 이 책을 통해 우리 저자들은 행복해지고자 결심한 당신의 길동무 겸 능력 있는 지지자가 되어줄 것이다.

첫 번째 장에서는 낙관주의 이론, 특히 긍정심리학 교육에서 즐겨 쓰는 이론을 훑어보고, 여러 사람의 사생활과 직장생활 속에서 끄집어낸 재미있는 일화들을 소개하겠다. 두 번째 장에서는 낙관주의가 당신과 주위 사람들에게 줄 수 있는 좋은 점들을 보여주겠다. 마지막 장에서는 일상에서 낙관주의와 너그러움을 고양시킬 수 있는 간단하고 실용적인 훈련들을 제시하려한다.

1
낙관주의의 힘

'낙관주의'라는 용어는 이미 일상적으로 쓰이고 있지만, 낙관주의가 정확히 무엇을 의미하는지 재정의하고자 한다. 이 책에서 우리가 생각하는 낙관주의를 분명하게 밝혀나가겠다.

우선 저마다의 이유로 타당한 수십 가지의 정의를 철저히 분석하는 작업이 선행되어야 한다. 낙관주의를 다룬 대중서적들을 통해 좋은 내용들이 알려져 있기에 많은 사람이 낙관주의에 관해 개인적인 정의를 내리고 있으며, 그 정의는 모두 일리가 있다.

그다음으로 긍정심리학이 낙관주의를 어떻게 정의하는지 살펴보겠고, 낙관주의가 아닌 것도 알아보고자 한다. 낙관주의라는 개념이 너무 쉽게 변질되기 때문이다. 또한 너그러움이야말로 낙관주의자가 자신과 다른 사람들을 위해 키워야할 본질적 품성이라는 점도 살펴보겠다.

마지막으로 건강, 훌륭한 성과, 행복이라고 하는 세 가지 영역에서 낙관주의가 어떤 힘을 발휘하는지 명백하게 밝혀보려 한다. 더불어 다양한 낙관주의 사례, 낙관주의를 키우기 위한 방법들도 접하게 될 것이다.

제1강

낙관주의란 무엇인가

태양을 향해 몸을 돌리면
그림자는 당신의 뒤에 있을 것이다.

– 마오리족 속담

 개 요

- 대중의 답변 / 공인된 정의 / 명사들의 명언

- 긍정심리학이 정의하는 낙관주의

- 낙관주의자는 이런 사람이 아니다

- 낙관주의는 세상을 바라보는 하나의 방식이다

만약 길거리에서 사람들에게 낙관주의에 관해 질문한다면 긍정적이고 열정적인 태도, 모든 것이 가능하다고 믿는 마음가짐, 삶에 대한 진실된 기쁨이라고 답할 것이다.

일상에서 낙관주의를 떠올릴 때는 이런 표현들이 생각난다. "아직 반이나 남았네", "그리 좋을 것도 그리 나쁠 것도 없다", "전화위복이야", "고생 끝에 낙이 온다" 등등.

라루스 사전(Larousse)[2]이 '공인한' 정의를 찾아보고 낙관주의에 관한 대중들의 표현과 얼마나 유사한지 확인해보자. 사전은 낙관주의를 '세상은 좋은 곳이며 선이 악보다 더 큰 비중을 차지한다고 보는 철학적 견해. 상황을 좋은 쪽으로 해석하려는 마음 상태. 상황을 적절하게 해결할 수 있다는 자신감'이라 정의한다.

치과 개업

엘로디는 젊은 치과 의사로 최근에 자격증을 땄으며 거주하는 동네와 가까운 곳에 병원을 개업하고 싶어 한다. 그러나 염두에 두고 있던 지역에는 이미 많은 치과 병원이 있다.

엘로디는 새로운 병원이 들어설 곳이 없다고 체념하는 대신 이런

2 | 라루스 출판사에서 간행한 프랑스의 대표적인 백과사전.

생각을 했다. 이렇게 병원이 많다면 그만큼 수요가 많은 거라고 말이다!

엘로디는 병원을 개업한 뒤 순조롭게 운영하고 있으며 고객도 꾸준하게 유지되고 있다.

많은 명사들의 격언에서도 낙관주의에 관한 대목을 찾아볼 수 있다.

먼저 낙관주의자로 유명한 영국 윈스턴 처칠은 이렇게 말했다. "비관주의자는 좋은 기회를 얻더라도 난관부터 살피고, 낙관주의자는 난관 속에 있더라도 좋은 기회를 살핀다."

19세기 프랑스 역사가이자 정치가인 프랑수아 기조의 말도 흥미로운데, 처칠의 정의에서 한 걸음 더 나아가고 있다. "세상은 낙관주의자들의 것이고, 비관주의자들은 구경꾼에 불과하다." 이들의 말처럼 낙관주의자는 기회를 살필 뿐 아니라 그 기회를 잡고 행동에 옮기는 사람이다.

긍정심리학이 정의하는 낙관주의

20세기 후반 심리학 분야의 연구 논문들을 살펴보면, 약 5퍼센트가 긍정적인 것(번영, 행복)을 다룬 반면 95퍼센트는 부정적인 것(우울증, 심리 불안)을 주제로 하고 있다. 대부분의 연구자들은 우울증 환자들을 행복하게 변화시키려는 게 아니라 우울증 환자들이 존재하지 않도록 하기 위해 그 문제들을 다루고 있다. 즉 '마이너스 5' 행복 수준에 있는 우울증 환자들을 '제로' 행복 수준으로 이끄는 것이 이러한 연구들의 목표다.

1998년 당시 미국 심리학회 회장이었던 마틴 셀리그만(Martin Seligman)은 다음과 같이 말했다. "환자를 치료하는 데만 집중해서는 안 된다. 우리의 사명은 훨씬 크다. 바로 모든 개개인의 삶을 향상시키려는 시도를 해야 한다." 이 개념을 바탕으로 낙관주의의 전제가 되는 긍정심리학이 탄생하게 됐다. 긍정심리학은 '제로' 행복 수준이 아니라 '플러스 5' 행복 수준을 목표로 삼는다.

낙관주의자를 판단하는 세 가지 기준

마틴 셀리그먼은 세 가지 기준에 따라 낙관주의자를 가려내는데, 마르탱과 올리비에라는 인물의 구체적 예를 통해 하나씩 살펴보자.

첫 번째 기준: 내적 / 외적

긍정적인 결과가 생겼을 때 낙관주의자는 자기 재능 덕분이라고 여기는 경향이 있다(내적 요인). 반면 난처한 결과가 생겼을 때는 정반대로 생각한다(외적 요인).

직장 구하기

마르탱과 올리비에는 몇 달 전부터 직장을 구하고 있다. 둘 다 같은 회사의 특정 부서에 지원했고 1·2차 면접을 무사히 통과했다. 최종 면접에는 세 명의 지원자만 남았는데, 마르탱과 올리비에는 떨어지고 다른 한 명이 붙었다.

마르탱은 비교적 비관적인 사람이다. 그는 이렇게 생각했다. '떨어질 만도 하지. 최종 면접을 형편없이 치렀잖아.'

올리비에는 비교적 낙관적인 사람이다. 그는 이렇게 생각했다. '나보다 더 적합한 경력을 가진 사람이 있었던 거야. 아니면 '빽'이 좋았거나. 흔한 일 아니겠어?'

두 번째 기준: 지속적 / 일시적

긍정적인 결과가 생겼을 때 낙관주의자는 그 영향이 오래 지속될 거라고 생각하는 경향이 있다(지속적). 반면 난처한 결과가 생겼을 때는 그 영향이 일시적일 거라고 생각한다(일시적).

위 사례에서 마르탱은 이렇게 생각할 것이다. '난 수준 미달이야. 면접관들도 그렇게 생각했겠지. 앞으로도 나는 마음에 드는 일을 하지 못할 거야.'

반면 올리비에는 이렇게 생각할 것이다. '내 마음에 쏙 드는

부서졌는데 떨어져서 너무 슬퍼. 그렇다고 앞으로도 이런다는 법은 없지. 분명 다음번에는 잘될 거야!'

세 번째 기준: 전반적 / 한정적

긍정적인 결과가 생겼을 때 낙관주의자는 그 영향이 삶의 다른 측면에도 미칠 거라고 생각한다(전반적). 반면 난처한 결과가 생겼을 때는 그 결과가 주어진 상황에만 국한된 것이라고 생각한다(한정적).

마르탱은 이렇게 생각할 것이다. '일자리를 찾을 수가 없어. 늘 그랬듯이 아멜리는 나를 낙오자처럼 취급하겠지. 나를 떠나버릴지도 몰라.'

반면 올리비에는 이렇게 생각할 것이다. '물론 일자리는 찾지 못했어. 그래도 나는 사랑받으면서 행복하게 지내고 있잖아!'

새겨두기

긍정적인 결과가 생겼을 때 낙관주의자는 자기 재능 덕분이라고 여기고 그 결과가 오래 지속되며 삶의 다른 측면에도 영향을 미칠 거라고 생각한다. 반면 난처한 결과가 생겼을 때는 그것이 외적 요인 때문에 발생했다고 인식하고, 그러한 상태가 일시적이며 특정 상황에만 국한된 것이라고 생각한다.

비관주의자 마르탱이 마침내 원하던 일자리를 얻었다면 그는 분명 이렇게 생각할 것이다. '내가 뽑힌 것은 다른 지원자가 없었기 때문이야. 수습 기간이 끝날 때까지 부장을 실망시키지 않아야 할 텐데. 일을 하게 됐다고 다 된 것은 아니지. 그리고 회사 근처에 쓸 만한 방을 구해야 하는데 쉽지 않을 것 같아.'

낙관주의자 올리비에는 이렇게 생각할 것이다. '내 능력 덕분에 일자리를 얻은 거라고! 부장은 나를 뽑은 것을 후회하지 않을 거야. 어쩐지 이 회사에서 잘될 것 같아. 이제 회사 근처에 마음에 드는 방을 구할 일만 남았네. 뭐, 그리 어렵겠어?'

변화무쌍한 낙관주의

미국 캘리포니아 주립대학 긍정심리학연구소 소장인 소냐 류보머스키(Sonja Lyubomirsky)는 『How to be happy』라는 책에서 낙관주의를 세 가지 유형으로 구분하고 있다.

1) 최소한의 낙관주의: 삶은 기복이 있게 마련이며 상황에 맞춰 살면 된다.

2) 약한 낙관주의: 주어진 상황 속에서 최선을 다해 적극적인 행동을 한다(입사 시험을 치르는 것처럼).

3) 강한 낙관주의: 상황을 좀 더 폭 넓게 바라본다(자신이 강하며 활력 넘친다고 느끼고, 원하는 것을 해낼 수 있다고 믿는다. 영국인들이 곧잘 "하려는 마음만 있으면 무엇이든 할 수 있다"

라고 말하는 것처럼).

그 어머니에 그 딸?

45세 마리는 두 딸이 있다. 세 사람은 모두 낙관주의자지만 성격이 다르다.

어느 날 마리의 남편이 실직을 한다. 마리는 불안에 떨며 이렇게 말했다. "내 월급만으로 어떻게 살아가지? 정말 큰일이야. 집 대출금도 다 못 갚았는데 골치 아파 죽겠네. 안 좋은 일만 자꾸 생기잖아. 그래도 어떻게든 되겠지."

이 말에 큰딸은 가족 모두가 괜찮은 구인 광고를 찾아보고, 아버지가 이력서와 자기 소개서를 다시 작성하게 돕자고 말했다.

한편 막내딸은 열의에 차서 앞으로 아버지가 월급을 더 많이 받을 수 있고, 게다가 지금 하던 일에 싫증을 내셨으니 잘된 일이라고 생각했다.

눈치챘을 것이다. 이 가족은 낙관주의의 세 가지 유형을 나타내고 있다. 당신은 어느 유형에 속하는가? 어디에 속하고 싶은가?

이 책을 통해 당신도 낙관주의자를 꿈꾸게 될 것이다. 그 여정에 우리가 동행하려 한다. 목표를 달성하게 해줄 비법을 풀어놓겠다. 누가 알겠는가? 어느새 목표를 뛰어 넘게 될지.

낙관주의자에 대한 정의를 보충하고 해석의 오류를 피하기 위해, 낙관주의자가 아닌 경우도 살펴보자.

낙관주의자는 나르시시스트가 아니다

긍정심리학을 이해할 때 유념할 점이 있다. 낙관주의자라 해서 긍정적인 결과가 모두 자신의 특정 기량으로 인한 것이라 단정한다면 다른 사람들의 기여를 무시하는 꼴이 된다. 그런 식의 접근은 개인이나 공동체에게 아무런 도움이 되지 않는다.

자기 확신이 지나친 타수

스테판은 조정 팀의 타수(키잡이)다. 스테판의 주요 역할은 보트를 지휘하고 동료 선수들에게 의욕을 불어넣는 것이다. 어느 날 치열하게 경기를 치른 끝에 스테판 팀이 승리했다. 스테판은 흥분해서 전부 자기 덕분에 승리한 것이라고 확신했다. 한 달 후 다른 경기에 참가할 때도 스테판은 자기 덕분에 또 승리하리라 확신했다. 하지만 스테판 팀은 4등으로 들어왔다! 사기가 저하돼 있던 선수들이 자신의 기량을 충분히 발휘하지 못한 것이다. 스테판이 (자신의 기여도를 과소평가하지 않으면서) 다른 선수들의 능력을 높이 평가해주었다면, 팀은 분명 더 좋은 결과를 얻었을 것이다.

위 사례에서 깨달을 수 있듯이 낙관주의자는 넓은 아량으로 상황을 객관적으로 바라볼 줄 알아야 한다.

낙관주의자는 자신의 문제점을 돌보지 않는 사람이 아니다

낙관주의자는 부정적인 결과가 생겼을 때 그 원인이 외부 요인 때문이라고 생각하더라도 먼저 자신의 실패를 받아들이고 개선점을 찾는다. 낙관주의자는 상황을 얼버무리지 않고, 너그럽게 자신이나 다른 사람의 실수를 받아들일 줄 안다. 즉 낙관주의자는 자기 주장만 펼치는 사람이 아니다.

넬슨 만델라의 일생은 우리를 겸허하게 만든다. 25년이나 감옥 생활을 한 만델라는 절망스러운 순간이 한두 번이 아니었을 것이다. 하지만 그는 이렇게 말했다.

"나는 지는 법이 없다. 이기든지 배우든지 한다. 나는 근본적으로 낙관주의자다." 이 말을 통해 만델라는 낙관주의의 정신을 알려주고 있다. 실패는 끝이 아니다. 우리는 실패를 통해 자신의 문제점을 살펴보고 다음번에는 더 잘할 수 있도록 교훈을 얻을 수 있다.

낙관주의자는 현실을 거부하는 사람이 아니다

꼭 낙관주의자가 돼야 하는 것은 아니다. 무조건 부정적 감정을 거부할 필요도 없다. 이따금 비관적 생각, 부정적 느낌이

나 감정에 사로잡힌다면 그것은 정상적인 모습이다.

진정한 낙관주의자는 슬퍼할 줄 알며 어떤 감정이든지 담담히 받아들인다. 그래야만 심리학자 알랭 브라코니에(Alain Braconnier)가 『낙관주의자(Optimiste)』라는 책에서 묘사한 '겉보기 낙관주의'에 빠지지 않는다. 그는 겉보기 낙관주의를 '비관주의에 대항해 자신을 방어하기 위한, 다소 의식적인 심리적 제방'이라고 표현했다. 실제로 이 심리적 제방은 언젠가는 무너질 우려가 있고, 종종 극도의 비관주의를 감추는 역할을 한다. '대응하기'와 '대응하는 척하기'를 혼동하지 말자.

 생각하기

진정한 낙관주의자는 긍정을 맹신하지 않는다

『캉디드 혹은 낙관주의』는 볼테르의 철학 소설이다. 이 소설에서 팡글로스는 캉디드의 가정교사이자 형이상학적-신학적-우주론을 강의하는, 조금은 우직한 낙관주의 철학자다. 진짜 삶을 접해본 적이 없는 캉디드는 팡글로스의 가르침을 따르는데, 팡글로스는 "우리 세계는 가능한 세계 중에서 가장 훌륭하며 모든 것이 최선으로 이루어진 세계다"라는 말을 끊임없이 반복한다. 심지어 팡글로스 자신조차 이 생각을 믿지 않는 때가 왔을 때도.

심리치료사 에밀 쿠에(Émile Coué)는 자기암시로 심리적 불안을 다스리는 치료법을 창안했다. 이를 '쿠에법(Coué Method)' 이라고 하며 잠재의식에 긍정적 생각을 심음으로써 그 긍정적 생각이 현실이 될 거라고 확신하는 것을 말한다.

쿠에법이 지나치면 그저 순진하고 단순한 현실 거부가 돼버리지만, 적당하게 사용하면 매우 효과적인 것은 분명하다.

만약 당신이 하프마라톤대회에 출전해서 마지막 몇 킬로미터 구간을 뛰고 있다면, 또는 경기를 대비한 훈련 중에 과연 해낼 수 있을지 의구심이 든다면 자기암시가 도움이 될 수 있다. 하지만 연습 한 번 하지 않은 채 자기암시만으로 마라톤에서 선두권으로 골인할 수 있다고 생각한다면 크나큰 오산이다.

낙관주의자라면 쿠에법을 분별 있게 사용할 수 있을 것이다. 다만 쿠에법 역시 안정적이고 지속적인 낙관주의의 비결은 아니다.

 새겨두기

낙관주의자는 공동체가 이룬 성취를 모두 자신 덕분이라고 여길 정도로 자기 확신이 과도한 사람은 아니다. 낙관주의자는 자신의 문제를 잘 파악하며 부정적인 결과가 생겼을 때 회피하지 않는다. 낙관주의와 낙관주의에 대한 왜곡된 견해에 주의하자!

낙관주의는 세상을 바라보는 하나의 방식이다

"낙관주의자는 순진하다"라는 말, "상황을 있는 그대로 바라보라"라는 조언을 자주 듣는다. 그렇지만 '있는 그대로'라는 말은 매우 주관적인 개념이지 않은가!

강도를 만났을 때

토요일 오후, 당신은 장을 보러 가야 하나 망설이고 있다. 그러다 장은 보지 않고 은행에 들르기로 결심한다. 은행 창구에서 순서를 기다리는 사이에 복면을 쓴 강도가 총을 들고 나타났다. 강도는 사람들에게 겁을 주려고 엉겁결에 총 한 발을 쐈다. 그 바람에 당신이 팔에 총상을 입었다. 강도는 도망쳤지만 이내 경찰에 붙잡혔다.

여기서 질문, 당신은 운이 좋았다고 생각하는가, 그 반대인가?

이 질문을 여러 사람이 모인 데서 해보자. 신기하게도 두 가지 답이 모두 나올 것이다. 어떤 사람은 심한 상처를 입지 않고 무사할 수 있어서 다행이라며 이야깃거리가 될 만한 특별한 사건을 경험했다고 생각한다. 반면 어떤 사람은 차라리 장을 보러 갔으면 좋았을 거라며 강도가 겨우 한 발을 쐈는데 재수 없게 자기 팔에 맞았다고 생각한다.

이처럼 낙관주의는 세상을 바라보는 하나의 방식이다. 낙관주의자는 세상의 문제점을 무시하지 않지만 문제점에 빠져들지도 않는다.

사실 문제점이란 긍정적인 측면과 부정적인 측면을 모두 가지고 있다. 또한 우리는 살아가며 직면하는 문제들을 매번 해결할 수 없다. 대신 각각의 사건에 대응하는 방식을 자유롭게 선택할 뿐이다.

- 낙관주의는 세상을 긍정적으로 보는 마음가짐이다. 낙관주의자는 난관에 부딪혔을 때도 좋은 기회를 살피고, 그 기회를 붙잡아 행동할 줄 안다.

- 긍정적인 결과가 생겼을 때 낙관주의자는 자기 능력 덕분이라고 여기고 좋은 결과가 오래 지속돼 삶의 다른 측면까지 영향을 미칠 것이라고 생각한다. 반면 난처한 결과가 생겼을 때는 외적 요인으로 인해 발생했고 그 결과가 일시적이며 특정 상황에만 국한된 것이라고 생각한다.

- 낙관주의에는 세 가지 유형이 존재한다. 최소한의 낙관주의(삶에는 기복이 있지만 여하튼 상황에 맞춰 살면 된다). 약한 낙관주의(주어진 상황 속에서 적극적인 행동을 한다). 강한 낙관주의(상황을 좀 더 폭넓게 바라본다. 그래서 무엇이든 해낼 수 있다고 믿는다).

- 낙관주의에 대한 왜곡된 견해를 주의하자. 상황이 안 좋을 때 회피하지 말고, 자신의 문제를 외면하거나 자만하지 말자.

- 낙관주의는 세상을 바라보는 하나의 방식이다. 낙관주의자는 문제점을 무시하지 않고 건설적으로 맞서며, 좋은 기회에 집중한다.

제2강

낙관주의는 너그러워야 한다

인간의 선함은 가릴 수는 있어도
끌 수 없는 불꽃이다.

– 넬슨 만델라

개 요

• 낙관주의와 너그러움이 분리될 수 없는 이유

• 자기 자신에게 너그러운 낙관주의

• 상대에게 너그러운 낙관주의

너그러움은 타인을 이해하며 관용의 마음으로 대하는 것을 말한다. 시대와 문화를 통틀어 석가모니, 마하트마 간디, 장 자크 루소, 넬슨 만델라는 너그러움을 실천한 상징적인 인물들이다.

너그러움이 결핍된 낙관주의자는 자기중심주의에 빠질 위험이 크다. 무엇을 해도 성공할 것이며, 모든 좋은 결과는 자기 덕분이라고 확신하는 지나친 낙관주의자는 자신이 주위에 피해를 줄 수도 있다는 사실을 깨닫지 못한다. 이러한 이기주의는 발전의 원동력이 될 수 없다.

너그러움은 과도한 낙관주의라는 함정으로부터 우리를 보호하는 안전망이자 낙관주의의 본질적 요소인 셈이다.

 생각하기

낙관주의와 권력

대체로 권력자들은 훌륭한 연설가인데, 자신감 있는 연설로 위기 상황에서 빠져나가곤 한다. 이들은 다른 사람들 위에 지배자로 군림하고 여러 규칙을 정하는 데 익숙해져 있어서, 이따금 자신을 한없이 강하고 우월한 존재로 믿는 나쁜 버릇이 있다. 최근 프랑스 정치계를 뒤흔든 많은 스캔들은 권력자들의 과도한 낙관주의로 인해 생긴 일들이다.

"자선을 베풀고 싶다면 자신에게 먼저 베풀라"라는 말이 있다. 하지만 우리는 종종 이런 생각을 품으며 스스로를 괴롭힌다. '그 수준이 되려면 아직 멀었어. 왜 이렇게 바보 같니? 넌 행운을 누릴 자격이 없어. 암, 그렇고말고! 넌 해내지 못할 거야.'

때때로 자신에 대해 부정적이거나 날 선 비판을 할 수 있지만, 결국에는 너그러운 자세로 스스로를 보듬을 줄 알아야 한다. 낙관주의와 스스로에 대한 너그러움이 조화를 이뤄야만 내면이 튼튼해지며 개인의 능력을 더욱 잘 드러낼 수 있다.

자신의 능력 믿기

능력이 대등하다고 가정할 때, 자신감이 있는 사람이 그렇지 못한 사람보다 더 좋은 결과를 얻는다.

너그러운 낙관주의자는 자신의 강점을 찾아내고 그 강점을 최대한 활용할 줄 안다. 낙관주의자는 자신의 약점을 알고 있지만 그것을 뛰어넘을 수 없는 장애물로 인식하지 않으며 약점을 있는 그대로 받아들이거나 개선할 방법을 찾는다.

자신을 믿고 능력을 키우는 법

44세 크리스토프는 대기업의 경영진이다. 그는 간부급 회의에서 정기적으로 발언을 한다.

어느 날 회의에서 발언을 끝내자, 동료 간부 한 명이 크리스토프가 다른 발언자에 비해 지나치게 말이 많아서 발언 시간이 길다고 지적했다. 크리스토프는 충격을 받았다. 연설가 기질을 자신의 강점으로 생각해왔기 때문이다. 하지만 그는 동료에게 화를 내기보다 자신의 문제점을 살펴보기로 했다.

크리스토프는 이따금 자신이 논점에서 벗어난 말을 덧붙이는 경향이 있음을 깨달았다. 이 점을 개선하기 위해 발언의 시간을 재며 반복해가며 연습했다. 녹음을 한 뒤 들어보고 효과적 스피치 기법들을 찾아보았다. 덕분에 지겹거나 길지 않고, 효과적이면서 설득력 있는 발언의 적당한 시간을 가늠할 수 있었다. 또한 자신이 같은 표현을 반복한다는 사실을 파악하고서 그런 표현을 줄이거나 다른 말로 대체했다.

이처럼 크리스토프는 긍정적이고 창의적인 자기평가 훈련을 훌륭하게 해냈다. 스피치 실력이 향상됐으며 다른 사람들이 자신을 어떻게 인식하고 있는지 이해하게 되었다.

민주주의의 토대를 다진 인물 중 한 명이자 미국의 제3대 대통령인 토머스 제퍼슨은 이렇게 말했다. "나는 행운을 믿는다. 그리고 노력하면 할수록 행운의 여신이 나에게 더 큰 미소를 짓는다는 사실도 믿는다." 위 사례의 크리스토프 역시 노력으로 더 큰 것을 얻었다.

실수할 권리 누리기

현대사회에서는 개인이 각자의 삶을 책임져야 한다. 이 과정에서 자신이 스스로의 문제를 책임질 유일한 적임자이므로 모든 개인적 실패를 과장해서 생각하는 경향이 있다.

하지만 누구나 실수를 한다. 그 사실을 인정해야만 더 큰 세계로 나아갈 수 있다. 실수를 줄이고 싶다면 자신의 결정으로 인한 결과를 예상한 뒤 위험 요소를 예측해보자.

실패했을 때는 '난 무능해'라고 생각하거나 한탄하는 대신에 배울 점을 찾고 숙고해보자. 그렇게 한다면 분명 다음번에는 성공할 것이다.

예를 들어 축음기와 백열전구를 발명한 토머스 에디슨은 1만 번의 실험을 반복한 끝에 1879년 첫 번째 전구를 만들어냈다. 그는 이렇게 말했다. "나는 실패한 적이 없다. 단지 작동이 안 되는 1만 번의 방식을 발견했을 뿐이다." 이런 말도 덧붙였다. "실패는 포기한 바로 그 순간이 성공과 얼마나 가까이 있는지 깨닫지 못하는 사람들이나 겪는 것이다."

 생각하기

실패가 이룬 뜻밖의 발견

세렌디피티(serendipity)는 굳이 찾으려 애쓰지 않았던 것을 발견하는 일을 말한다. 예를 들면 한 미국인이 강력 접착제를 만들려고 열심히 연구했는데, 접착력이 그다지 좋지 않은 제품을 개발하는 데 그치고 말았다. 몇 년 후 그의 동료가 이 실패를 바탕으로 그 유명한 포스트잇을 발명했다.

자신을 있는 그대로 사랑하기

완벽한 존재는 없다. 물론 그렇다고 해서 내 결점과 마주하는 일이 기분 좋을 리도 없다.

어린 시절의 주변 환경은 자신이 스스로를 대하는 태도를 형성하는 데 큰 영향을 미친다. 어떤 사람은 부모, 가족, 친구, 선생님에게 인정받으며 성장하는 행운을 누리지만 어떤 사람은 그렇지 못하다. 누군가에게 형제들의 짓궂은 장난은 고통스러운 기억으로 남아 있기도 하다.

그 어떤 환경에서 자랐다고 하더라도 어른이 된 이후에는 스스로를 존중할 줄 알아야 한다. "못난 놈"이라고 야단치던 아버지, "세상 물정 모른다"며 혀를 차던 어머니, "뚱뚱해" 따위의 말로 놀리던 형을 평생 원망할 수도 있다. 하지만 자신을 있는 그대로 사랑하는 법을 배우는 편이 훨씬 더 바람직하다.

단념할 줄 알기

낙관주의자는 좋은 결과를 내기 위해 노력하고 목표를 달성하기 위해 분투하는 사람이다. 하지만 지나친 열정이 도리어 역효과를 내거나 스스로를 지치게 만들 때, 최악의 상황이 되었을 때는 단념할 줄도 알아야 한다. 자신에게 너그럽다는 것은 힘껏 노력하더라도 정해진 목표를 달성하지 못할 수도 있음을 인정하고, 노력에 비해 예상 결과가 좋지 않을 때 포기할 줄 아는 것이다.

낙관주의자는 상황에 따라 계속해야 할 때와 단념할 때를 능숙하게 알아차린다. 로마 황제이자 스토아학파 철학자였던 마르쿠스 아우렐리우스의 말처럼 말이다. "바꿀 수 없는 것은 받아들이는 힘을, 바꿀 수 있는 것은 바꾸는 용기를, 그리고 이 둘을 구별하는 지혜를 갖기를."

'그 둘 구별하기'가 쉽지 않은 이유는 감정적으로 사안을 대하거나 거리를 두고 상황을 바라보지 않기 때문이다. 때로는 포기하기보다 헛된 희망을 품는 편이 더 쉬워 보이기 때문이다.

아버지의 열성

활기차고 쾌활한 캉탱은 수학 공부보다 친구들과 노는 것을 더 좋아한다. 이제껏 성적이 나쁘지 않았지만, 중학교 3학년 때부터 성적이 급격히 떨어졌고 공부를 더욱 소홀히 했다.

아버지 앙투안은 아들이 고등학교에 입학하자 걱정이 많아졌다. 그는 갖은 방법(흥미 있어 할 만한 것 함께 찾아보기, 용돈으로 동기 유발하기, 벌주기, 과외 공부 시키기, 청소년 상담 받기)을 동원해봤지만 소용없었다. 캉탱은 장래에 관심이 없었고 학교 공부를 싫어했으며 수업도 자주 빼 먹었다. 아버지가 애원할수록 캉탱은 공부와 더 멀어져갔다. 학교생활은 개선되지 않았고 부자 관계도 급격히 악화되었다.

캉탱이 최악의 성적표를 받은 채 1학년을 마쳤을 때, 앙투안은 자신의 압박으로 인해 아들의 건강이 나빠졌다는 것을 깨달았다. 그는 아들에게 차분하게 말을 건넸다.

"그동안 네가 공부할 수 있는 환경을 만들어주려고 무척 애썼단다. 이제 너는 어린애가 아니고 네가 살고 싶은 삶을 선택할 권리가 있어. 너는 공부에 매진할 생각이 없는 것 같구나. 슬프기도 하고 미래가 걱정되기도 한다만, 네 선택을 존중하마."

수년 동안 아이를 변화시키기 위해 이런저런 시도를 해보다가 결국 모든 방법을 중단하고 아이를 있는 그대로 받아들이기로 했다는 이야기는 누구나 들어봤음직하다. 위의 사례에서 앙투안은 단념했다. 단념이란 상대방이 죄책감 없이 다른 단계로 넘어갈 수 있도록 용납하는 일이다. 우리는 단념을 통해 당장 무언가를 얻을 수도 있고 더 오랜 시간이 지난 뒤에야 좋은 변화를 얻을 수도 있다.

일상의 사소한 일들을 포기하는 연습부터 해보자. 언젠가 더 큰 위기에 직면했을 때 더욱 슬기롭게 대처할 수 있을 것이다.

 생각하기

단념이 생존과 직결된다면?
어떤 나라에서는 아주 간단한 방법으로 원숭이를 사냥한다. 바
구니 안에 오렌지를 넣은 뒤 입구를 살짝 열어둔 채 나무에 단
단히 묶는다. 달콤한 과일을 좋아하는 원숭이는 바구니 안에
손을 넣어 오렌지를 움켜쥔다. 하지만 바구니 입구가 좁아서
오렌지를 쥔 손을 뺄 수 없고, 오렌지를 포기하지 못한 원숭이
는 결국 잡히고 만다.

시련을 상대화하기

심리학자 다니엘 골먼(Daniel Goleman)은 『EQ 감성지능』이
라는 책에서 낙관주의를 '무기력해지지 않게, 희망을 상실하지
않게, 난관 때문에 절망에 빠지지 않게 하는 완충장치 같은 태
도'라고 정의한다.

사실 낙관주의를 지니고 있다고 하더라도 우리는 늘 어려운
난관, 긴장 상태, 위기와 맞닥뜨린다.

이런 상황에 직면했을 때 절망에 빠지지 말고 긍정적인 자
세를 유지해야 한다. "해결책이 없다면 문제도 없는 것이다"라
는 말이 있다. 해결책은 어떤 식으로든 존재한다. 뒤에서 다시

언급하겠지만, 너그러운 낙관주의자는 항상 해결책을 찾아낸다.

"까짓것, 죽기보다 더하겠어?"

할 일이 잔뜩 쌓여 있는 오렐리는 한없이 우울해졌다. 그녀는 점심을 거르더라도 해야 할 일을 다 끝내지 못할 거라고 푸념을 늘어놓았다. 그러자 델핀이 "까짓것, 죽기보다 더하겠어? 점심이나 먹자!"라고 말했다. 오렐리는 어쩔 수 없다는 듯이 그러자고 했다.
점심식사 내내 일에 대한 불평과 잡담이 이어졌다. 오렐리는 이를 통해 걱정거리를 상대화할 수 있었고 오후 시간을 생각보다 훨씬 더 잘 활용할 수 있었다.
그 후로 델핀과 오렐리는 힘들 때마다 "까짓것, 죽기보다 더하겠어?"라는 말을 되뇐다.

새겨두기

낙관주의자는 자신에게 너그러워야 한다. 자신의 능력을 신뢰하고, 불완전하다는 것을 받아들이며, 실수할 권리를 인정하고, 밀고 나갈 때와 단념할 때를 구분할 줄 안다. 또한 미래에 대해 확고한 자신감을 가진다.

장 폴 사르트르가 쓴 희곡 작품 『닫힌 방』에는 "지옥은 바로 타인들이다"라는 대사가 나온다. 우리는 이 의견에 동의할 수 없다. 인간은 사회적 존재이므로 다른 사람 없이 행복하기란 어렵기 때문이다.

최근에 실컷 웃거나 가장 행복했던 때를 떠올려보자. 분명히 당신은 누군가와 함께였을 것이다. 심지어 신경생물학에서는 인간이 협조적이고 타인에게 관대할 때 활성화되는 뇌의 보상 부위가 따로 있다고 말할 정도다. 그만큼 인간에게 타인이란 필수적 존재다.

상대가 있어야 나도 더 행복해진다. 상대가 행복해질 수 있도록 지금까지 배워온 낙관주의적 태도를 다른 사람에게도 적용해보자.

상대의 능력과 발전 가능성을 믿는다: 피그말리온 효과

피그말리온 효과는 주변 환경이나 권위 있는 누군가가 어떤 사람에게 자신감을 부여하면 그 사람이 커다란 성과를 거두게 되는 현상을 말한다. 성공을 믿는 것만으로도 성공 가능성이 높아지는 것이다. 이 효과를 밝혀낸 미국의 심리학자 로버트 로젠탈(Robert Rosenthal)의 이름을 따 '로젠탈 효과'라고도 부른다.

생각하기

피그말리온 효과의 유래

피그말리온은 키프로스의 왕이었는데, 그는 자신이 만든 상아 조각상과 사랑에 빠졌다. 피그말리온의 간절한 기도를 듣고 깊은 사랑에 감동한 사랑의 여신 아프로디테는 조각상에 생명을 불어넣어 주었다. 피그말리온의 열렬한 사랑이 조각상을 여인으로 만든 것이다.

로젠탈의 연구팀은 초등학교 학생들에게 지능검사를 시행했고, 교사들에게 몇몇 학생들이 다른 학생들보다 재능이 훨씬 더 뛰어나다고 알려주었다. 사실 그들은 지능 수준과 상관없이 임의로 선정한 학생들이었다. 이때 교사들에게 정보를 누설해서는 안 되며, 학생들을 특별 대우해서도 안 된다고 당부했다.

학년 말이 되었을 때 학생들에게 다시 지능검사를 실시했고, 우수하다고 지명한 학생들이 다른 학생들보다 더 높은 점수를 받은 것을 알 수 있었다.

교사들이 학생들에게 품은 긍정적인 이미지가 학생들의 능력에 영향을 미친 것이다.

달리기 훈련과 피그말리온 효과

마라톤 선수인 다비드는 사람들에게 달리기의 좋은 점을 알려주고 싶었다. 그는 동료들에게 6킬로미터 단거리 경기에 참가하자며 자신이 훈련해주겠다고 제안했다.

다비드는 첫 훈련 때 쥘리에트, 아녜스와 함께 45분간 달렸는데, 두 사람의 달리기 속도는 걷기보다 조금 빠른 수준이었다. 쥘리에트와 아녜스는 자신들의 실력에 낙담했고 다비드가 실망할까 봐 걱정했다. 그 모습을 본 다비드는 두 사람이 쉬지 않고 꾸준히 달린 점을 강조해서 칭찬했고, 이틀 뒤 훈련 때 45분간 주파 거리가 늘어날 것이라고 격려했다.

쥘리에트와 아녜스는 다비드의 칭찬에 자신감을 얻었고, 경기 때까지 일주일에 두 번씩 훈련에 참여하기로 했다.

이길 때도 있지만 져서 배울 때도 있다

위 문장은 실수할 권리를 부여하는 것이 얼마나 중요한 일인지 말해준다. 이런 주장을 이론적으로 증명할 수는 없다. 다만 생활에서 자연스럽게 깨닫게 되는 삶의 이치나 다름없다.

징계가 꼭 필요했을까?

파스칼은 30년 경력의 건설 현장 책임반장이다. 그는 고용주의 기대에 부응하기 위해 열심히 일했지만 일 처리가 늦다는 평가를 받고 있다. 어느 날 파스칼은 잘해야 한다는 강박 때문에 도리어 안전 관련 업무를 소홀히 하는 실수를 하고 말았다. 담당 상사는 이 사실을 보고받고서 파스칼을 본사로 불러들였다. 그는 해명할 기회조차 주지 않은 채 "용납할 수 없는 사항이군. 즉각 징계위원회를 소집하겠네"라고 냉혹하게 말했다.

파스칼은 충격을 받고 쓰러졌다. 그다음날 의사는 파스칼에게 병가 진단을 내렸다.

파스칼의 예는 다른 사람들의 실수에 대응하는 방식에 따라 심각한 결과를 초래할 수 있음을 보여준다.

파스칼의 상사는 상황을 객관적으로 판단해 "실수를 범했군. 자네, 규정을 어긴 것 같네"라는 말 정도로 대응할 수 있었고 그랬다면 파스칼은 병가를 내지 않았을 것이다. 하지만 그 정도로는 문제가 본질적으로 해결되지 않는다.

가장 바람직한 대응 방식은 파스칼을 긍정적으로 대하되 실수에 유념하고 기량을 향상할 수 있도록 유도하는 것이다(그가 30년 동안 모범 직원이었다는 점을 떠올리면서). 예를 들면 이렇게 말할 수 있다. "부주의는 심각한 결과를 초래할 수 있네. 즉각 문제점을 개선하도록 하게. 그렇게 한 다음 나와 만나서 이런 문제가 다시 발생하지 않도록 함께 방법을 찾아보세."

이처럼 실패는 배우고 나아질 수 있는 기회가 되기도 한다.

상대의 좋은 점 강조하기

고등학생들을 대상으로 실험을 했다. 인성검사 후 학생들에게 '얌전하다', '다른 사람을 잘 배려한다', '지적이다' 등 임의로 대표 특징을 부여했다. 그다음 학생들이 교실 밖으로 나갈 때 소지품을 떨어뜨린 학생과 마주치도록 상황을 설정했다.

실험 결과는 다음과 같았다. 지적이라고 분류된 학생보다 다른 사람을 잘 배려한다고 분류된 학생들이 두 배 더 많이 친구를 도왔고, 두 배 더 많은 시간을 친구를 돕는 데 썼다.

이 실험은 감정 이입 원리를 설명한다. 즉, 긍정적인 인성을 강화하는 가장 좋은 방법은 해당 인성이 그 사람 본연의 모습에 깊이 부합한다고 강조해주는 것이다. 실제로 사람들은 이런 상황에서 자신의 장점을 드러내려고 애쓴다. 장점이 높이 평가받을 것을 알기 때문이다.

따라서 당신이 주위 사람들이 갖고 있는 자질을 강조하면 할수록 그들이 더욱 돋보이도록 돕는 것이며, 더불어 그들의 주변 사람도 혜택을 얻는다.

반면 감정 배제 원리는 바람직하지 않은 행동을 줄이는 데 쓰인다. 예를 들어 장난감을 빼앗으려고 동생을 밀치는 아들을 대하면서, "동생에게 심술궂게 굴지 마"라고 호통 쳐서는 절대 안 된다. 이런 말을 들으면 아이는 자신이 심술궂다고 인식하며 다시 그런 행동을 반복하도록 부추기는 꼴이 된다. 대신 아들에게 "이런, 동생을 그런 식으로 밀치다니 너답지 않구나"라고 말하면서 아이의 선한 태도에 대한 기대를 저버리지 말아야 한다.

사람들은 타인이 자신에게 바라는 기대가 긍정적일수록 그에 부합하는 행동을 더 많이 한다.

부모나 교사라면 감정 이입 원리와 감정 배제 원리를 더욱 잘 새겨두자. 아이는 격려받을수록, 주위 사람들이 자신의 능력을 믿어준다고 느낄수록, 더 좋은 성과(예를 들면 더 좋은 성적)를 거둘 것이다.

 새겨두기

낙관주의자는 다른 사람들에게 너그러워야 한다. 상대의 좋은 점을 강조하고 실수할 권리를 부여한다면, 상대는 자신의 장점을 계발하고 향상하려고 할 것이다.

- 낙관주의와 너그러움은 어깨를 나란히 한다. 너그러움은 낙관주의자가 자칫 세상을 자기중심적 시각으로만 바라보지 않도록 도와준다.

- 너그러운 낙관주의자는 자기 자신을 믿는다. 강점을 믿고 약점을 극복할 수 없는 장애물로 인식하지 않는다. 또한 자신에게 실수할 권리를 부여한다.

- 한 사람이 어려움에 맞닥뜨렸을 때, 낙관주의자는 그 사람이 긍정적 자세를 유지하도록 상황을 상대화해서 보게 해준다. 이때 끈질기게 목표를 향해 나아가야 할 상황과 단념하는 편이 더 나은 상황을 제대로 파악해야 한다.

- 상대의 좋은 점을 강조해 스스로에 대해 긍정적인 시각을 갖도록 해주면, 그 사람은 장점을 발전시킬 것이다. 상대가 실수를 했을 때는 문제점을 외면하지 않으면서 건설적인 자세로 대해야 한다.

제3강

낙관주의를 통한 이익

비관주의자로 살면서
내가 옳았다는 단 하나의 만족감을 누리기보다
낙관주의자로 살면서
실수를 범하는 쪽을 선택하겠다.

– 밀란 쿤데라

 개 요

- 낙관주의는 건강에 유익하다

- 성과에 도움이 되는 너그러운 낙관주의

- 행복을 불러오는 낙관주의

- 감정 전이 현상

낙관주의는 건강에 유익하다

질병을 예방하거나 질병에 맞서야 할 때 낙관주의는 당신의 든든한 지지자가 될 것이다. 낙관주의가 큰 병에 대비하고 건강한 삶을 사는 데 어떤 도움을 주는지 살펴보자.

많은 질병에 주목할 만한 효과

큰 병에 걸렸을 때와 같은 아주 힘든 상황에 직면했을 때 낙관주의자는 그 상황을 받아들이고 침착함을 유지한다. 낙관주의자는 삶에 대한 자신감을 잃지 않고 해결법을 찾으려 하며 역경 속에서 성장할 방법을 모색한다. "나를 죽이지 못하는 것이 나를 더 강하게 만든다[3]"라는 격언이 낙관주의자의 마음가짐을 잘 보여준다.

하지만 그 긍정성이 질병을 가까스로 모면할 정도의 수준에 그쳐서는 안 된다. 몇몇 연구 결과를 바탕으로 낙관주의가 특정 질병에 미치는 긍정적 효과를 살펴보자.

우울증

우울증은 서방국가의 보편적인 질병이 된 것 같다. 1970년 이후로 서방국가에서 우울증 환자 수가 10배 늘었다. 서문에서 살펴봤듯이 그중 프랑스인들이 커다란 비중을 차지하고 있다.

2016년 4월 세계보건기구는 홈페이지를 통해 전 세계적으로 3억5천만 명이 우울증을 앓고 있다고 보고한 바 있다. 전 세계적인 노동 기피 현상의 첫 번째 이유가 바로 우울증이다.

현재 항우울제 시장은 수십억 유로에 달할 정도로 번창하고 있다. 하지만 항우울제는 우울증 증상에 단기적이고 즉각적으로 대처하는 효과적인 수단일 뿐 원인을 치료해주지는 못한다. 그러므로 우울증을 근본적으로 예방하고 치료하는 일은 범세계적인 중요 사안이라 할 만하다.

마틴 셀리그만은 저서 『마틴 셀리그만의 플로리시』에서, 외상 후 성장[4]에 관한 103개의 연구 논문을 분석해 정리한 메타분석[5]의 결과를 인용하고 있다. 여기서 낙관주의야말로 외상 후 성장을 위해 꼭 필요한 요소라고 말한다.

마틴 셀리그만은 '펜 예방 프로그램'[6]의 일환으로 심각한 우울증과 가정문제 등의 어려움을 겪고 있는 아이들을 대상으로 한 연구를 진행한 후, 아이들에게 다음과 같은 4단계 대처법을 알려주었다.

1) 반사적으로 드는 패배주의적 생각을 식별한다("정말 저

---

3 | 독일 철학자 프리드리히 니체가 『우상의 황혼』에서 언급한 말로
　　지금은 대중적인 격언이 되었다.
4 | 비극적인 일을 극복하기 위해 애쓰는 과정에서 일어나는 성장 현상.
5 | 동일하거나 유사한 주제의 연구 결과를 객관적·계량적으로 종합하여 분석하는 연구 방법.
6 | 펜실베이니아주에서 진행한 상담 프로그램으로 상담사 루시 맥도널드가
　　저서 『어느 낙천주의자의 유쾌한 행복론』을 통해 소개했다.

친구는 나를 좋아하지 않는 것 같아.")

2) 부정적 생각을 분석한 뒤 그런 생각을 하게 만든 근거를 추측한다("저 친구가 아침에 나한테 인사를 하지 않았어. 나를 좋아하지 않는다는 명백한 증거야.")

3) 부정적 추측을 좀 더 낙관적이고 현실적인 추측으로 바꾼다("저 친구가 인사를 하지 않았네. 나를 보지 못한 게 분명해.")

4) 심각하게 여기지 않는다("휴식시간에 나랑 놀아줄 다른 친구들이 있잖아.")

'펜 예방 프로그램'의 성과는 놀라운데, 이 프로그램을 진행한 아이들은 통제 집단[7]에 비해 심각한 우울증 증상이 35퍼센트 줄어든 것으로 나타났다.

이처럼 낙관주의는 놀라운 항우울제다. 낙관주의를 추구한다면 더 이상 항우울제 처방이 필요 없을지도 모른다.

 생각하기

9·11 테러를 바라본 심리학과 학생들

2001년, 노스캐롤라이나 대학 심리학과 교수 바버라 프레드릭슨은 자신의 제자들을 대상으로 연구를 실행했다. 9·11 테러 전에 학생들을 인터뷰한 바 있었던 바버라는 테러가 발생한 이후 그들을 재면담했다. 학생들은 테러 사태를 직접 겪지는 않았지만 그 사태를 지켜보며 자신이 느낀 감정과 깨달은 점을 이야기했고, 미래에 대한 낙관성을 스스로 진단해보았다.

거의 모든 학생이 슬픔과 분노를 느꼈고 70퍼센트 이상이 예전보다 의기소침해졌다고 말했다. 답변을 분석한 결과, 9·11 테러 전의 인터뷰에서 강한 낙관주의 기질을 보이고 긍정적인 감정 상태에 있었던 학생들이 테러 같은 위기 사태를 겪었을 때 우울증에 빠질 위험이 절반 이상 적은 것으로 밝혀졌다.

전염병

어떤 사람은 감기에 한 번 걸리는 일 없이 겨울을 나고 전염성이 큰 질병에도 끄떡없는가 하면, 어떤 사람은 항상 골골댄다. 이상하지 않은가? 전자의 면역 체계가 더 뛰어나다고 짐작할 수 있겠지만, 대체 왜 그런 것일까?

많은 요소가 면역 체계 성능에 작용한다. 유전적 요인, 생활환경, 위생 상태…… 그리고 무엇보다 마음가짐 역시 중요한 요인이라 할 수 있다.

1980년대에 미시간 대학교 심리학과 교수 크리스토퍼 피터슨은 정신병리학 수강생 150명을 대상으로 연구를 실행했다.

---

7   실험연구에서 실험 집단의 결과와 비교하기 위해 구성하는, 실험처리를 하지 않는 집단을 말한다.

이를 통해 비관주의자가 낙관주의자보다 전염병에 걸릴 확률이 두 배 더 높으며 두 배 더 자주 병원을 방문했다는 사실을 확인했다.

더불어 오늘날보다 연구 방법에 관한 윤리적 기준이 관대하던 시절에 심리학과 교수 셸던 코헨(Sheldon Cohen)이 실행한 연구를 살펴보자. 그는 감기 증상을 일으키는 리노바이러스가 일정량 든 주사액을 임상실험 지원자들에게 투여했으며, 사전에 지원자들에게 평상시 기분 상태를 유지하도록 당부했다. 연구 결과 긍정적 감정이 강한 사람들은 감기에 덜 걸리고, 감기에 걸리더라도 금세 낫는다는 사실을 알아냈다. 셸던 코헨은 유행성 감기(독감) 바이러스를 이용해 동일한 방식의 연구를 했으며 역시 비슷한 결과를 얻었다.

이처럼 낙관주의를 추구한다면 전염병에 대한 저항력이 향상되며 병에 걸렸다고 하더라도 빠르게 회복할 수 있다.

심혈관질환과 암

심혈관질환의 위험 요소들은 질환으로 발전하기 훨씬 전부터 존재하며, 시간이 지날수록 위험성이 커진다. 심혈관질환의 요인에는 고혈압, 니코틴 중독, 지나친 음주, 해로운 식생활, 운동 부족, 만성 스트레스 등이 있으며, 이는 암 유발 요인이기도 하다. 우리는 낙관주의를 통해 이러한 요인들을 제어하고 위험 단계 이전 수준으로 되돌릴 수 있다.

물론 낙관주의가 모든 질병에서 당신을 보호해준다고 주장하는 것은 아니다. 지나치거나 '무조건 좋은 것'이라는 식의 분별없는 낙관주의는 역효과를 낼 수 있다는 점도 기억해두자. 예를 들어 건강한 체질이라고 확신한 나머지 하루에 담배를 두 갑씩 피고도 괜찮다고 생각한다면, 그것은 큰 착각이다.

적당한 수준의 긍정적 생각은 심혈관질환과 암을 유발하는 위험 요인 중 하나인 스트레스를 줄여준다. 많은 연구 논문이 낙관주의가 이러한 질병을 가진 사람들에게 긍정적인 영향을 미치고 있음을 뒷받침해준다. 그중 세 가지를 살펴보자.

마틴 셀리그만은 『마틴 셀리그만의 플로리시』에서 (미국과 네덜란드에서 실행한) 장기 연구들을 언급하고 있다. 이 연구들은 낙관주의를 어떤 방식으로 측정하든 간에, 결과적으로 낙관주의가 심혈관질환으로 인한 사망률을 낮추는 데 효과적이라는 것을 밝혀냈다(심혈관질환으로 인한 낙관주의자의 사망률은 평균보다 약 25퍼센트 낮았고, 반면 비관주의자의 사망률은 평균보다 25퍼센트 높았다).

2009년에 발간한 국제학술지 『행동의학 연보』에 게재된 논문 「낙관주의와 신체 건강: 메타 분석적 검토」는 낙관주의와 신체 건강을 다룬 83편의 연구 논문을 분석하고 있다. 이 중 18편은 암을 다루고 있는데, 낙관주의가 암환자에게 놀라울 정도로 긍정적 변화를 일으켰음을 서술하고 있다.

또 2008년, 학술기관 바이오메드센트럴(Biomed Central)이 발표한 한 연구 논문은 낙관주의자가 유방암에 걸릴 위험이 적다고 밝히고 있다.

낙관주의는 수명을 연장한다

앞서 밝힌 대로 낙관주의자는 여러 질병의 영향을 덜 받는다. 이뿐만 아니라 낙관주의자는 평균적으로 더 오래 산다고 알려져 있다.

우리 할머니는 대단해

내(저자 델핀 뤼쟁빌)가 알고 있는 가장 낙관적이고 긍정적인 사람 중 한 명은 바로 우리 할머니다. 98세인 할머니는 2주 전에 갑자기 생긴 뇌졸중에서 회복 중이시다. 할머니의 놀라운 회복력을 보면서(의사들도 믿기 어려워했다) 나는 그것이 낙관주의 덕분이라고 확신할 수밖에 없었다. 할머니는 85세가 되셨을 때 이렇게 말씀하실 정도였다. "내가 늙으면 말이야……."

우리 할머니뿐만이 아니라 자존감이 높은 사람들은 더 오래 산다. 구체적인 예를 들어보자. 과학잡지 『아메리칸 사이언티스트(American Scientist)』 2003년 7·8월호에서 바버라 프레드릭

슨은 1930년대에 수녀들을 대상으로 실행한 장기 연구를 인용하고 있다. 연구진은 수녀들에게 자신에 대한 짧은 에세이를 쓰도록 요청했다.

60년 후에 연구진은 다음과 같은 놀라운 결과를 확인했다. 에세이에 긍정적인 감정을 많이 표현한 상위 1/4 그룹의 90퍼센트가 85세까지 살았고, 54퍼센트가 94세까지 살았다. 반면 긍정적인 감정을 적게 표현한 하위 1/4 그룹은 각각 34퍼센트와 11퍼센트 비율로 장수했다.

수녀들은 수녀원 안에서 동일한 일상을 보냈으며, 장수에 끼치는 외적 요소들을 통제한 연구 결과라 더욱 의미가 크다.

왜 낙관주의자는 더 건강한가?

위에 언급한 내용들을 접하면서 낙관주의가 어떤 메커니즘으로 건강에 영향을 미치는지 묻지 않을 수 없다.

많은 연구자들이 이 의문에 대한 답을 고민했는데, 이 주제를 다룬 연구 논문을 열거하기보다 이들 연구의 핵심 내용을 요약하는 것으로 대신하겠다. 세 가지 개념으로 구분해 정리했다.

낙관주의자는 면역 체계가 강하다

면역 반응에 관여하는 장기, 조직, 세포, 체액 등 생체 시스템을 뜻하는 면역 체계는 질병으로부터 신체를 보호한다. 바이러스를 죽이고 박테리아와 싸우며 기생충과 종양 세포를 제거한다. 그러므로 건강하려면 면역 체계가 강해야 한다.

낙관주의자의 몸은 훌륭한 면역 체계를 지니고 있다. 예를 들면 앞에서 인용한 셸던 코헨은 논문을 통해 낙관주의자의 몸이 염증을 일으키는 단백질을 촉진하는 물질인 인터루킨6을 덜 분비한다고 밝혔다.

또 다른 연구에서는 낙관주의자의 주목할 만한 생물학적 특성을 알아냈는데, 감염되었거나 심장에 충격을 주는 큰 위험이 닥쳤을 때 백혈구 수치가 폭발적으로 높아졌다는 점이다. 백혈구는 면역 체계 세포로서 낯선 물질로부터 우리 몸을 방어하는 역할을 담당한다.

이처럼 낙관주의는 심리적인 안정감을 주는 것뿐만 아니라 생물학적 영향력을 발휘해 우리 신체와 건강에 직접 작용한다.

낙관주의자는 더 건강한 생활방식으로 산다

삶을 스스로 책임지고 있다고 확신하는 낙관주의자는 자신의 몸을 잘 돌보려고 애쓴다. 일반적으로 낙관주의자는 영양분을 잘 섭취하고 담배를 적게 피우며 운동을 많이 하는데, 이를 통해 질병을 유발하는 부정적 요소를 스스로 제어한다.

또한 낙관주의자는 스트레스를 덜 받고 숙면하는 편이므로 면역력이 높고 잔병치레도 적다. 병을 앓더라도 상태가 얼마나 심각하든 간에 낙담하지 않으며 빨리 나아지기 위해 열심히 노력한다.

낙관주의자 주위에는 사람이 많다

한 실험을 예로 들어보자. 두 사람이 각각 전화로 상대에게 같은 글을 읽어주는데, 한 사람의 목소리는 쾌활하고 한 사람의 목소리는 침울하다고 가정하자. 이럴 때 사람들은 밝은 사람과 계속 통화하기를 원한다(후자와 통화할 때 훨씬 더 빨리 수화기를 내려놓는다).

같은 원리로 대체로 낙관주의자는 존경받으며 주위에는 배우자, 가족, 친구 등 사람이 많다. 사랑을 많이 받는 사람은 병에 덜 걸리며 병을 앓더라도 주위 사람들이 응원해주고, 일상생활을 유지하기 위한 구체적인 도움을 줌으로써 빨리 회복하게 돕는다.

특히 노인들에게 이것은 중요한 문제다. 아플 때 빨리 발견될 수 있고 적합한 보살핌을 받을 수 있기 때문이다. 또한 노인들 주위에 사람들이 많을수록 노인들은 지적 · 정서적으로 자극을 많이 받는다. 이러한 자극이 뇌 신경세포를 활성화해 알츠하이머병을 예방할 수 있다.

감정 표현이 중요한 노인들에게 주위 사람의 존재는 신체적으로나 심리적으로 건강을 유지하기 위한 강력한 원동력이 된다. 그들은 사랑하는 사람들 곁에서 오래 건강하게 살고 싶다는 생각을 할 것이다.

- 낙관주의는 많은 질병(우울증, 전염병, 심혈관질환 등)의 치료와 예방에 도움을 준다.
- 낙관주의를 실천하면 수명을 연장할 수 있다.
- 낙관주의가 건강에 이롭다는 주장의 주요 근거는 세 가지다. 낙관주의자는 더 훌륭한 면역 체계를 지니고 있고, 더 건강한 생활방식으로 살며, 주위에 사람들이 많다.

성과에 도움이 되는 너그러운 낙관주의

성과지상주의를 지향하는 사람이 아니라 해도 그 누구나 어떤 형태로든 자신이 성공하고 발전하길 바란다. 좋은 성과를 바란다고 해서 꼭 비난받아야 하는 것도 아니다. 낙관적 자세와 너그러움이 있다면 누구나 훌륭한 성과를 얻을 수 있다.

아이들을 너그러운 낙관주의로 대하면?

우리 사회는 정신적으로 미성숙한 유년기 때부터 빈번하게 성과를 강요한다. 물론 문화에 따라 그 강도는 다르다. 이따금 프랑스 사람들은 몇몇 나라에서 볼 수 있는 사회적 관습에 크게 반발하곤 한다. 예를 들어 일본에서는 유치원 때부터 뛰어난 성과를 내도록 아이들을 압박하는데, 가장 좋은 학교에 진학시키기 위해서다.

그 정도는 아니지만 프랑스에서도 아이에게 성과를 강조하는 경향이 있다. 세 살 때부터 아이들에게 평가표를 건네고, 과제물 중 잘못한 것은 붉은 밑줄을 긋는 식이다. 이러한 성과에 대한 압박은 도리어 역효과를 낼 수 있다.

아들에게 가장 좋은 것만 주고 싶은 엄마

15년 전에 방영된 다큐멘터리 프로그램 내용이다. 초등학교 3학년의 아들을 둔 엄마가 담임교사에게 아들이 수업 중에 많이 피곤해한다는 말을 들었다.

아들이 엄마에게 말했다.

"엄마, 나 피곤해 죽겠어. 집에 와도 쉬거나 놀 시간이 없어."

"선생님이 그렇게 말씀하시더구나. 일찍 자야 해. 밤에 놀 시간이 어딨니?"

"알았어. 그런데 나 화요일 저녁마다 하는 수영을 그만하면 안 돼? 재미없어."

"얘야, 안 된다. 수영은 좋은 운동이야. 체력을 단련할 수 있고, 온몸의 근육을 다 쓸 수 있거든. 그러니 계속해."

"영어 공부 그만하고 싶어. 부탁이야."

"안 돼. 영어도 계속해야 해. 요즘 실업률이 높은데, 영어는 직장생활에서 중요한 업무 능력이라고 내가 말했잖니. 게다가 아빠가 직업을 바꾼다면 우리 모두 외국으로 나가야 할지도 몰라. 영어를 잘해야 시간 낭비하지 않고 정상적인 학교생활을 할 수 있어."

아들이 울기 시작한다. 그래서 엄마는 이런 제안을 한다.

"축구는 그만해도 돼. 그러면 수요일에 놀 시간이 많아질 거야."

그러자 아들이 애원하듯이 대답한다.

"제발 안 돼, 엄마. 축구는 내가 유일하게 좋아하는 거란 말이야."

위 사례에서 아이 엄마를 특정 잣대로 평가할 생각은 전혀 없다. 모든 부모들은 자기 자식이 행복하기를 바라므로 성인이 될 때를 대비해 만반의 준비를 시키려고 한다. 그렇지만 이때 염두에 두어야 할 것은, 자칫하면 역효과를 낼 수도 있다는 사실이다.

다행스럽게도 점점 더 많은 부모와 교육 전문가들이 부드러운 훈육법이나 긍정적 교수법에 관심을 두기 시작했다. 이러한 교육 방식은 책임감, 실수와 그에 관한 대응, 감정 표현, 판단력 등 여러 요소를 관찰하며 아이들에게 긍정적인 변화를 유도하도록 개발되었으며, 성과 그 자체를 추구하지 않고 아이 각각의 성장 속도에 따라 이끈다.

이러한 환경에서 자란 아이들은 더 뛰어난 학습 능력을 발휘한다. 또한 자기 자신을 높게 평가하고 자신감이 넘친다. 결국 낙관주의적 교육은 아이를 성숙한 어른으로 키우는 좋은 토양이 된다.

너그러운 낙관주의는 성과를 향상시킨다

낙관주의와 너그러움은 성인에게도 더 높은 성과를 낼 수 있도록 돕는다.

인간은 기분 좋은 것에 점점 익숙해져서 그 가치를 제대로 느끼지 못하게 되는 쾌락 적응(Hedonic Adaptation)의 경향이 있다(제5강에서 자세하게 다룰 예정이다). 이는 삶의 모든 영역에서 나타나며 직장생활에서도 예외가 아니다. 일로 얻은 소중한 관계는 처음에는 특별하게 느껴지지만, 잘 유지하기 위해 노력하지 않으면 쉽게 무너지고야 만다. 사랑도 그렇듯 노력하지 않아도 유지되는 관계는 없다. 늘 열정적으로 임해야 계속 행복하게 일할 수 있다.

하버드 대학의 교수였으며 심리학자인 숀 아처(Shawn Achor)는 행복과 성공의 상관관계 분석을 통해 세계적으로 인정받는 전문가다. 그는 긍정성을 키우면 의욕이 넘치고 유능해지며, 시련에 대한 저항력이 생기고 창의적이며 생산적인 사람이 된다고 설명하면서, '행복의 특권'이라는 개념을 주장한다. 행복은 경쟁할 때 장점이, 일할 때 성공 수단이 된다는 내용이다.

숀 아처는 자신의 견해를 뒷받침하기 위해 여러 연구를 언급한다. 예를 들어 낙관적인 판매원은 비관적인 판매원보다 56퍼센트 더 높은 판매 성과를 낸다고 말한다. 신경과학에서 '우리 뇌는 부정적이거나 중립적일 때보다 긍정적일 때 더 큰 능력을 발휘한다'[8]고 입증한 사실이 이를 뒷받침한다.

게다가 긍정심리학 전문가들은 200편 이상의 과학 논문(전세계 27만5천 명을 대상으로 설문 조사한 것이다)을 메타 분석해서, 행복이 우리를 성공에 이르게 하지만 성공은 우리를 행복에 이르게 하지 못한다는 점을 입증했고, 이 사실은 수많은 영역(일, 건강, 인간관계, 사회성, 창의성 등)에 공통으로 적용된다.

 생각하기

머리끝에서 발끝까지 낙관주의자

1990년대 초에 유럽의 신발 판매원 두 사람이 아프리카로 파견되었다. 아프리카 대륙의 시장 잠재력을 평가하기 위해서였다. 아프리카에 도착한 후 그들은 각자 사장에게 전화를 걸었다.
한 판매원은 난감해했다.
"상황이 절망적입니다. 사람들이 신발을 신고 있지 않아요."
다른 판매원은 흥분했다.
"절호의 기회입니다. 아직 신발을 신고 있는 사람이 하나도 없어요."

낙관주의자는 자기 능력을 믿기 때문에 실패를 두려워하지 않으며 쉽게 행동으로 옮긴다. 또한 더 많은 목표, 야심 찬 목표를 설정한다. 시련을 만나면 실수에서 교훈을 찾아내 목표를 더욱 잘 달성하고자 노력한다.

이렇게 성공한 사람들은 자신감이 고양되고 낙관주의가 강해지며 자신이 유능하다고 믿게 되므로 다시 새로운 성공에 도전한다. 이것이 교육학자이자 상담사인 루시 맥도널드(Lucy McDonald)가 말하는 '성공의 선순환'이다. 또한 낙관주의자는 스트레스를 잘 관리하고 마음을 잘 돌보기 때문에 계속해서 효율적으로 처신할 수 있다.

『위대한 나의 발견, 강점 혁명』에서 저자인 톰 래스(Tom Rath)가 소개한 연구는 다음과 같은 결과를 보여주기도 한다. "매일 자신의 낙관주의적 역량과 정신력에 집중할 좋은 기회를 얻는 사람들은 보통 사람들보다 업무와 관련해 행운을 만날 기회가 여섯 배 많으며, 삶의 질이 훌륭하다고 느낄 확률이 세 배 더 크다."

집단 성과에 도움이 되는 너그러운 낙관주의

길 가는 사람 아무나 붙든 다음에 일하는 이유가 무엇인지

8 | 숀 아처의 『영향력 있는 낙관주의자가 되는 법
(Comment Devenir un Optimiste Contagieux)』 참조.

물어보라. 대부분 돈, 재미, 인정 욕구, 해야 할 것 같은 분위기 등으로 답할 것이다. 많은 기업들이 단지 보수(급여, 상여금, 인센티브, 이익 분배 등)를 지급하는 것만으로 직원들이 높은 성과를 내길 기대한다. 장기적 관점으로 볼 때 기업들은 이러한 방식으로는 원하는 결과를 얻어낼 수 없다.

만약 어떤 사람이 재정 투자를 한다면 투자해서 얻게 될 보상을 곰곰이 따져보듯, 고용주와 직원은 각각 투자한 것과 기대하는 보상에 대해 각자의 입장에서 생각한다.

직장인의 하소연

한 젊은 여성이 지하철에서 친구에게 이야기를 하고 있다. 그녀는 직장에서 기대한 만큼 능력을 발휘하지 못하고 있다고 털어놓았다. 앞으로는 직장의 기대치를 만족시키기보다 되도록 업무에 쏟는 시간을 줄이고 일에 깊이 관여하지 않을 것이며, 대신 개인 역량을 높이는 데 집중하겠다는 내용이었다. 그녀는 자기계발에 집중할 생각이라고 하면서도, 일에서 성취감과 행복을 얻지 못해 아쉽다고 덧붙여 말했다.

이 사례는 기업이 단순한 재정 투자를 넘어 직원들이 자기 일에 만족감을 느끼도록 독려해야 한다는 것을 일깨운다. 말하자면 정서적 투자가 필요한 것이다!

몇몇 기업은 정서적 투자를 위해 몇 년 전부터 최고행복책임자(Chief Happiness Officer)를 두고 있다. '기분 좋은 팀장'이라고도 부르는 이 직종은 처음에는 '정말 유쾌한 친구'라고 불렸으며, 구글이 직원들의 행복을 향상하기 위해 고용한 엔지니어 차드 멍 탄이 만들었다. 프랑스에서도 주로 벤처 기업에서 비슷한 역할을 하는 직원을 두고 있다.

최고행복책임자는 기업 내에 행복한 환경을 조성해 직원들이 업무에 전념할 수 있도록 돕는다. 다양한 활동을 하며, 예를 들어 직원 단합을 위한 시간 마련하기, 직원의 곤란한 상황 파악하기, 팀원들끼리 소통 강화하기, 변화에 대처하기 등이 있다.

회사 내에 긍정적이고 낙관적인 문화를 자리 잡게 하려면 회사는 다양한 측면에서 수평적인 관점으로 직원의 안녕을 살펴야 한다.

낙관주의 문화 형성은 기업의 주요 과제다

현재 프랑스 기업들은 일에 대한 직원들의 불만족으로 인해 큰 대가를 치르고 있다. 단적인 예로 결근율이 높다. 2015년 알마 컨설팅그룹이 발표한 평가 지표에 따르면, 결근으로 인한 직접비(급여 유지, 임시 대체 비용, 금전적 손실)는 임금 총액의 약 5.8퍼센트에 달해, 민간 부분 기업을 통틀면 45억 유로에 이른다고 한다. 이에 비해 숀 아처의 주장에 따르면 낙관주의는 생산성을

15퍼센트, 고객 만족도는 42퍼센트 향상시킨다고 한다.[9]

그러나 현실에서는 점점 더 많은 기업이 장기 근속자를 두거나 새로운 직원을 채용하는 데 어려움을 겪고 있다. 일에 대한 행복감을 향상시켜주는 것만이 직원들을 북돋울 수 있는 방법이며, 이는 개인의 행복을 중요시하는 젊은 세대에게 더 크게 작용할 것이다.

미국 심리학자 마셜 로사다(Marcial F. Losada)는 기업 내 여러 팀의 성과를 10년간 분석해 로사다 비율(Losada Ratio)을 만들었다. 로사다 비율은 업무 성과가 좋은 팀은 그렇지 않은 팀에 비해 긍정적 상호작용이 부정적 상호작용보다 세 배 이상 더 많이 일어나는 것을 나타낸다.

가정에서의 로사다 비율

로사다 비율을 사적인 영역에 적용해 따져보면 그 값은 달라진다. 사이가 돈독한 부부 사이의 긍정적/부정적 상호작용의 비율은 5대 1 이상이라고 한다. 이때 상호작용이란 말, 몸짓, 태도 등을 말한다.

프랑스에서 친절은 대체로 좋은 태도로 인식되지만, 높은 지위의 사람이 친절한 경우 나약하다고 여겨지기도 한다. 대체로 윗사람은 출세를 지향하거나 이기주의적인 성향을 갖고 있다는 고정관념이 강하기 때문이다.

하지만 철학자 엠마누엘 자펠랭은 친절이 경영자와 근로자에게 모두 강점이 된다고 말한다.[10]

- 친절을 베풀면 팀원들끼리 상부상조하게 된다. 큰 어려움에 처한 동료를 저버리지 않는 것이야말로 기업에게는 큰 성과다.
- 도움을 받은 사람은 감사를 표할 것이며, 이로 인해 친절이 친절을 낳는다. 결국 선순환이 이루어진다.
- 명랑한 분위기는 직원들과 고용 계약을 맺을 때 긍정적이고 지속적인 영향을 미친다.

낙관주의는 경영자에게도 무척 유용하다. 각 팀이 자신들의 특성을 높이 평가하고 팀원들끼리 결속하기 때문이다. 스스로 실수할 권리를 부여하고 당황해하지 않으며, 상황을 상대화하고 기분 좋은 상태를 유지하기 때문에, 경영자와 직원은 서로를 믿고 협력하며 도움을 주고받으며 많은 성과를 거두게 된다.

항상 동료와 함께 해결책을 찾고 있다는 생각은 팀원들에게 동기부여가 될 수 있다. 또한 만약 플랜 A가 실패하면 플랜 B를

9 | 숀 아처의 『영향력 있는 낙관주의자가 되는 법』 참조.
10 | 엠마누엘 자펠랭의 저서 『기업 내 친절에 대한 찬사 (Éloge de la Gentillesse en Entreprise)』 참조.

가동하고, 여의치 않으면 플랜 C를 동원하면 된다고 여긴다.

이러한 낙관적인 팀은 역경이 닥치더라도 결속을 다진 후 평소보다 더 집중해서 실력을 발휘할 수 있다. 이때 비관주의자는 손 놓고 이렇게 말할 것이다. "윽, 이걸 실행에 옮기려면 엄청난 시간이 필요하겠어." 반면 이 말을 들은 낙관주의자는 이렇게 대답할 것이다. "그래, 맞아. 그러니까 더 빨리 시작하자고!"

열정적인 사람이 필요해

37세 아망딘은 콜센터를 운영한다. 그녀는 낙관주의에 관한 남다른 철학이 있다.

"콜센터를 운영하면서 낙관주의에 관심을 기울이게 되었어요. 낙관주의는 개인의 성향이나 가치관이며, 세상 사람들 모두가 낙관적이거나 너그러운 것은 아니라는 것을 알게 되었죠. 하지만 공동체에 필수적이라는 사실도 깨달았어요.

우울한 성향의 상담원은 일 처리는 능숙하게 할지라도 분위기를 무겁게 하고 공동체의 활동을 위축시킵니다. 그 사실을 깨닫고 팀장들에게 상담원 채용에 관한 지시사항을 전달했습니다. 열정적이고 밝은 성향의 사람을 찾으라고 말입니다. 이런 사람들은 기업의 중요한 자산이 됩니다. 좋은 점을 배울 수 있고, 공동체를 원활하게 함께 이끌어갈 수 있거든요.

결과적으로도 낙관적인 직원들이 제 몫을 해주었고, 회사는 큰 성과를 이루었습니다."

새겨두기

어릴 때 낙관주의적 사고와 너그러움을 지닌다면 학습 능력 향상과 자존감 형성에 긍정적인 영향을 미친다. 성인이 낙관적인 태도를 갖출 경우 개인적으로는 물론이고 집단에서도 더 좋은 성과를 얻을 수 있다. 현재 많은 기업이 직원들의 낙관성과 너그러움을 계발하기 위해 노력하고 있다.

행복을 불러오는 낙관주의

낙관주의는 건강과 일에 긍정적 영향을 미친다. 낙관주의가 어떻게 우리를 행복으로 이끄는지 살펴보자.

행복한 순간이 많아진다

최근에 따뜻한 실내 난방 때문에 기뻤던 때가 있는가? 그렇다면 아마 난방장치가 고장나는 바람에 추위에 떤 적이 있었기 때문일 것이다.

보통은 난방이 되는 것을 당연하게 생각하므로 특별히 기쁜 이유가 되지 않는다. 이처럼 우리는 너무나 익숙해져서 별 특별한 관심을 두지 않는 사소한 것들에 둘러싸인 채 살아간다. 이러한 심리적 적응 현상을 '쾌락 적응'이라고 부르는데, 소냐 류보머스키는 이렇게 요약하고 있다. "인간은 현실적으로 자신에게 일어난 거의 모든 변화에 익숙해지며, 이러한 경향은 행복을 느끼는 데 큰 방해가 된다."[11]

게다가 여러 연구들이 밝히길 로또 당첨과 같은 특별한 사건을 겪은 사람도 쾌락 적응이 일어난다고 한다. 로또 당첨자들은 짧게는 6개월에서 길게는 2년까지 행복에 도취해 있지만 그후에는 당첨 이전과 비슷한 수준의 행복감(낮은 것은 아닌)으로 돌아간다.

반면 낙관주의자는 즐거워지기 위해 어떤 특별한 일이 일어나길 기다리지 않고, 삶이 작은 행복들로 가득하다는 것을 안다. 아침에 먹는 버터 바른 빵, 아이의 어리광, 동료와 깔깔대던 순간, 친구와 나누는 대화, 라디오에서 흘러나오는 기분 좋은 음악, 햇빛, 아름다운 풍경, 집으로 돌아가는 길 등 낙관주의자를 행복하게 만드는 것은 너무나 많다.

시련에 맞설 수 있다

낙관주의자라 해서 무조건 모든 상황을 좋게 보는 것은 게으른 태도나 마찬가지다. 낙관주의적 언행이 적절하지 못한 경우도 있다. 예를 들어 친구가 암에 걸렸다고 고백할 때, 이렇게

---

11 | 『무엇이 진정 우리를 행복하게 만들까?
(Qu'est-ce qui nous rend vraiment heureux?)』 참조.

말해서는 안 된다. "거참, 고약한 일이군. 그래도 분명 괜찮아질 거야. 몇 달 지나면 나쁜 기억으로만 남게 될걸!" 이런 반응은 낙관적이지만 사려 깊은 것이라 할 수는 없다. 친구의 아픔을 전혀 고려하지 않았기 때문이다.

무조건 낙관주의적 태도를 내세워서는 안 될 때가 있다. 주위 사람이 시련을 겪고 있다면 그 사람이 무엇 때문에 힘들어하는지 귀담아들어 보자.

앞서 낙관주의가 질병을 비롯한 건강상의 난관을 극복하는 데 도움이 된다는 것을 살펴봤다. 아픈 친구의 이야기를 들을 때 그 점을 상기하자. 조급해하지 말고 친구 곁에서 함께하다 보면 낙관주의의 효능에 관해 전달할 적절한 시기가 있을 것이다. 그때 친구가 시련을 헤쳐나갈 힘을 얻을 수 있도록 따뜻한 말 한마디를 보태자.

행복한 축제날

초등학생인 오귀스탱은 학교 축제를 기다렸다. 축제 연극에서 중요한 역할을 맡았기 때문이다.

축제 날 아침, 잠자리에서 일어난 오귀스탱은 발이 아팠다. 신경이 날카로워진 오귀스탱은 기대하던 연극 무대에서 그만 발을 헛디더 모두가 보는 앞에서 넘어지고 말았다. 여기저기서 웃음소리가 터져 나왔다. 연극이 끝난 후 오귀스탱의 부모는 아들을 달래주었고, 오귀스탱은 침울해하며 친구들과 놀겠다며 함께 나갔다.

잠자리에 들기 전, 엄마는 오귀스탱에게 하루 중 기억에 남은 일을 물어보았다. 오귀스탱은 사람들 앞에서 넘어졌을 때 정말 창피했다고 뾰로통하게 대꾸했다.

엄마는 연극 도중에 넘어진 것은 큰일이지만 그래도 무용 공연도 잘했고 친구들과 즐겁게 놀았으며 특히 맛있는 아이스크림을 먹지 않았느냐고 차분하게 말해주었다. 대화가 끝난 후 오귀스탱은 그날 하루를 완전히 다르게 평가하게 되었고, 미소를 머금은 채 잠들 수 있었다.

주위 사람이 잘됐을 때 함께 기뻐한다

사람들은 시련을 겪을 때는 물론이고 좋은 일을 겪을 때도 누군가와 기쁨을 나누고 싶어 한다. 다른 사람의 행복을 통해 느낄 수 있는 또 다른 기쁨이 있기 때문이다. 이를 통해 기뻐할 기회가 더 많아진다. 또한 서로 관계가 견고해지며 더 깊게 마음을 나눌 수 있다.

그것이 부부 관계라면 어떨까? 부부란 늘 함께하는 사이지만 굳건히 신뢰하는 부부는 많지 않다. 살아가며 겪는 시련들이 두 사람의 관계를 견고하게 할 수도, 금이 가게 할 수도 있기 때문이다. 때로는 기쁜 일이 관계에 꼭 좋은 영향을 미치는 것은 아니다. 그 기쁜 일이 두 사람 중 한 명에게만 지속해서 일어날 때 더욱 그렇다.

카롤린과 알렉시스는 결혼한 지 몇 년 된 부부다. 알렉시스는 파리의 대형 사무실에서 변호사로 일하고 있다. 수입은 괜찮지만, 동료들과 관계가 좋지 않고 업무 스트레스에 시달리고 있다. 알렉시스는 일을 그만두고 사진가가 되고 싶어 한다. 그런데 용감하게 결단을 내리지 못하고 있다. 카롤린의 수입으로 생활할 수 있는데도 말이다.

어느 날 저녁 카롤린이 환하게 웃으며 퇴근했다. 3년 전부터 원해온 직위로 승진한 것이다. 알렉시스는 아내의 행복한 모습을 보면서 약간 질투심이 생겼지만 내색할 수는 없었다. 다만 다소 의식적인 반응을 보였다. "거참, 자기 삶에 만족한 사람이 이 집에 한 명은 있군."

카롤린은 남편의 반응에 놀랐다. 남편이 기뻐하지 않는 것 같다며 슬퍼했다. 승진에 따른 즐거움은 사라져버렸다. 카롤린은 알렉시스를 원망했고 그가 이기주의자라고 생각했다.

카롤린과 알렉시스의 예는 주위 사람이 잘됐을 때 함께 기뻐하는 것의 중요함을 보여준다. 만약 상황이 악화된다면 알렉시스가 느낀 쓰라린 감정 때문에 부부 관계가 망가져 파탄에 이를 수도 있다.

아직 원하는 일을 하지 못해 슬플지라도 아내의 좋은 일에 함께 기뻐하고 축하했다면 어땠을까? 가령 다음과 같이 솔직하게 표현할 수도 있다. "당신이 잘돼서 정말 행복해. 실은 나도 당신처럼 원하는 일에서 성공하고 싶은데 그렇지 못해 질투심이 조금 생겼어. 그렇지만 그건 내 몫이고 시간이 지나면 나도 잘될 거야. 우리 오늘 저녁에는 파티하자!"

이런 반응을 보였다면 두 사람의 관계는 더욱 돈독해졌을 것이다. 더 나아가 알렉시스는 카롤린의 성취에 자극받아 자신의 꿈을 이루기 위한 새로운 시도를 해볼 수도 있다.

그러므로 주위 사람들이 잘됐을 때는 함께 기뻐하라. 다른 이의 행복을 통해 나의 긍정적 감정까지 크게 키울 수 있다.

모르는 사람에게 적극적으로 대한다

신경생물학에서는 사람의 뇌에는 너그러워질 때, 공감을 나타낼 때, 다른 사람과 협력할 때 활성화되는 보상회로가 있다고 말한다. 즉 사람은 천성적으로 남을 돕고 싶어 하는 욕구를 타고난 것이다.

또한 실리적 관점에서 다른 사람들을 너그럽게 대하면 부차적으로 큰 이익을 얻을 수 있다. 나에게 돌아올 이익을 위해 남을 돕는 태도를 두고 소냐 류보머스키는 '이기적인 이타주의'라고 정의하며 자신의 책 『How to be happy』를 통해 상세히 소개하고 있다. 일주일에 딱 하루에만 다섯 번씩 착한 행동을 하도록 권유받고 그렇게 행한 사람들이 그렇게 하지 않은 사람들보다 더 행복해했고, 그 느낌은 연구 기간이 끝난 뒤에도 계속

됐다.

이 결과는 다른 연구에서도 확인되었다. 학생들에게 20달러를 지급하고서, 그 돈을 자기 자신을 위해 쓰든 타인을 위해 쓰든 원하는 대로 하라고 했다. 결과적으로 학생들은 타인을 위해 돈을 썼을 때 더 행복했다고 말했다.

이러한 연구 결과를 떠올리며 우리 주변에 깔린 비관주의가 인간은 악하다고 주장하고, 타인을 너그럽게 대해봤자 소용없다고 설득해도 괘념치 말자. 일상생활에서 긍정적이고 너그러운 자세를 취할 좋은 기회를 놓치지 말자.

너그러운 마음 키우기는 어렵거나 비용이 많이 들거나 짜증나는 일이 아니다. 각자의 개성, 가치관, 생활방식에 적합한 방식으로 너그러움을 훈련하고 실행에 옮겨서 마음 상태를 다스리자. 인도주의 단체에 가입하거나, 구호단체에 기부하거나, 학교에 다니지 못하는 청소년을 가르치는 봉사를 할 수도 있다. 하지만 거창한 시도가 아니라 생활 속 사소한 기회를 살려 놓치지 않고 주위 사람들에게 너그러움을 표현할 수도 있다.

미국의 역사학자인 모르데차이 팔디엘의 말을 새겨두는 것도 도움이 되겠다. "다른 사람에게서 선함에 대한 신비스러운 설명을 들으려 애쓰지 말고, 당신 자신의 선함을 재발견하도록 하십시오."

아래는 오렐리의 경험담이다.

"얼마 전 지하철에서 신문 기사를 읽고 있었습니다. 프랑스의 절망적인 상황들(보안이 부실한 유로축구대회, 거만한 프랑스인이 자초한 관광산업 위축, 노동법에 항의해 발생한 운수업계 파업, 홍수, 테러에 대한 공포, 경제위기, 실업 등)을 다룬 기사였습니다. 나는 패배주의에 빠져들기보다 내가 할 수 있는 일을 하기로 했죠. 라데팡스 역에서 나오는데, 인파 속에서 길을 잃고 헤매는 몇몇 관광객들을 보았습니다. 회사에 빨리 가야 하고 어설픈 영어로 말하기가 내키지 않아서 모른 체하고 싶었지만, 간신히 마음을 고쳐먹었습니다.

그들에게 다가가 길을 설명했고, 그들은 예쁜 미소와 감사 인사로 보답했죠. 행복했습니다. 영어 말하기와 지각에 대한 두려움을 극복하고서 누군가를 도운 것입니다. 다음에도 그런 일이 있을 때 돕고 싶어졌어요. 그 사람들도 언젠가 다른 누군가를 돕겠죠."

감정 전이 현상

긍정적이건 부정적이건 감정은 확장성이 있어서 연쇄반응을 일으킨다. 심리학자 자크 르콩트(Jacques Lecomte)는 자신의 책 『인간의 선함(La Bonté humaine)』에서 실험 하나를 소개하고 있다. 우선 실험자에게 어느 건물에 들어가 달라고 요청했다.

이때 협조자가 입구를 가로막고 담배를 피우고 있다. 실험자가 그 사람을 돌아 들어가려고 할 때, 협조자는 제자리에 가만히 있거나(무례를 범하는 역할), 미안하다고 말하고 자리를 비켜준다(예의 바른 역할). 또 다른 상황으로 입구를 가로막지 않고 그 옆에서 담배를 피우고 있다. 세 경우 모두에서 아파트에 들어선 실험자는 또 다른 협조자가 서류 뭉치를 떨어뜨리는 것을 보게 된다. 이때 실험자의 행동을 관찰했다.

이 실험의 결과는 다음과 같았다. 예의 바른 협조자와 마주친 사람 중 43퍼센트, 무례한 협조자와 마주친 사람 중 13퍼센트, 협조자와 마주치지 않고 건물에 들어선 사람 중 21퍼센트만이 다른 사람이 서류 뭉치 줍는 것을 도와주었다.

이런 결과는 다른 여러 상황을 통해서도 확인할 수 있다. 한 실험에서는 방금 전 누군가에게 미소를 받은 사람 중 70퍼센트가 도움 요청에 응했고, 미소를 받지 않은 사람은 35퍼센트만이 도움 요청에 응했다.

실험 결과는 긍정적 감정을 많이 퍼뜨릴수록 주위 사람들도 같은 감정을 자극받는다는 사실을 알려준다. 같은 원리로 상대가 느낀 긍정적 감정은 틀림없이 당신에게 되돌아올 것이다.

새겨두기

- 낙관주의는 좋은 순간을 잘 만끽할 수 있게 돕는다. 나를 기분 좋게 하는 소소한 것들을 인식하고 살아가면 긍정적 감정을 더 많이 느낄 수 있다.
- 낙관주의는 시련에 대비할 힘이 된다. 힘겨운 날에도 좋은 순간은 있기 마련이다. 다른 사람들에게도 그것을 알려주자.
- 낙관주의는 긍정적 감정의 증폭 장치와 같다. 긍정적 감정은 전이되며 선순환한다. 당신이 긍정적 감정을 많이 퍼뜨릴수록 주위 사람들도 함께 즐거워한다.

- 낙관주의는 건강에 유익하다. 많은 질병을 예방해주며 수명을 연장시킨다. 낙관주의자는 훌륭한 면역 체계를 갖추고, 더 건강한 생활방식으로 살며, 주위에 사람이 많다.

- 낙관주의가 성과에 미치는 긍정적 영향은 전 생애를 통해 드러난다. 어른들이 아이들을 긍정적이고 너그러운 태도로 대하면, 아이들의 학습 능력과 자신감이 향상된다. 성인 역시 낙관주의자의 집단적 성과 및 개인적 성과가 훨씬 뛰어나다. 많은 기업들이 기업 내 낙관주의를 확신하기 위해 노력하고 있다.

- 낙관주의를 키우면 긍정적 감정을 품을 기회가 증가한다. 일상생활에서 좋은 순간들을 만끽하고, 다른 사람의 행복에 기뻐할 줄 알며, 주위 사람에게 긍정적인 감정을 퍼뜨릴 수 있다. 이 긍정적 감정은 나중에 다시 자신에게 되돌아올 것이다.

"나는 어떤 사람인가?
낙관주의자인가 비관주의자인가?"

2

낙관주의로 가는 길

앞 장을 통해 낙관주의의 필요성을 느끼고 낙관주의를 키우고자 하는 마음을 품었을 것이다.

이번 장에서는 자신의 개인적 상황과 조건을 파악해볼 수 있다. 당신은 본래 어떤 상황의 좋은 면을 크게 보는 편인가 아니면 반대로 안 좋은 면에 집중하는 편인가? 당신의 성향을 파악한 뒤 그 어떤 쪽이든 적용 가능한 낙관성과 너그러움을 키우는 법을 배워본다. 낙관주의자가 되는 것은 결국 개인의 의지와 노력에 달려 있다.

그다음으로 낙관주의를 키우는 데 방해가 되는 요소들을 알아보자. 편견, 과거의 삶, 주위 사람일 수 있으며 특히 당신 자신일 수도 있다! 장애물을 넘어설 방법도 함께 고민해보자.

제4강

선천적일까, 후천적일까?

기구한 운명을 타고난 사람은 없다.
하늘의 뜻을 읽을 줄 모르는 사람이 있을 뿐이다.

− 달라이 라마

개 요

- 당신은 행운아야

- 천성적으로 너그러운 사람

- 타고난 낙관주의자?

- 나의 성향은 어떠한가?

- 유전 / 환경 / 자유의지

당신은 행운아야

　심리학적으로 인물을 분석할 때 그 사람의 성향이 선천적인 것인가 아니면 후천적으로 형성되었는가 하는 문제는 여전히 중요한 논제다. 누군가가 낙관적일 때 그 사람은 이따금 "당신은 행운아야. 늘 상황의 좋은 쪽을 보는 성향을 타고났단 말이지"라는 평가를 받는다.

　설사 건강한 성격을 타고났다 하더라도 모두가 이런 행운을 얻는 것은 아니다. 또한 딱 잘라 이분법적으로 생각할 수 없는데, 모든 사람은 유전형질의 조합, 환경에 대한 적응, 자유의지에 따라 그 성향이 형성되기 때문이다. 그러므로 세상에는 같은 물잔을 보고도 '컵에 물이 반이나 남았네'라고 생각하는 사람이 있는가 하면 '벌써 반이나 비었네'라고 생각하는 사람도 있다.

　한편 다음과 같은 의문을 제기해볼 수는 있다. 낙관적이고 너그럽게 태어나는 행운을 타고난 사람들이 따로 있는 걸까? 우리가 비관주의자로 태어났다면 과연 그런 성향을 바꿀 수 있을까?

천성적으로 너그러운 사람

수 세기 전부터 인간의 본성을 주제로 한 많은 이론은 서로 반대되는 의견을 제시해왔다. 한 예로 루소의 '선한 미개인 신화'[12]와 홉스의 '인간은 불쌍하고 외로운 존재'[13]라는 주장은 대척점에 있다.

만약 오늘날 이러한 철학적 토론이 계속된다면, 수년 동안 다양한 문화에서 연구하고 관측했으며 타당성을 인정받는 두 가지 이론이 추가 논의돼야 할 것이다.

첫 번째는 자크 르콩트가 저서 『인간의 선함』에서 서술한 내용이다. 그는 "인간에게 잠재적으로 공격적인 성향이 존재하지만 공감, 이타주의, 협동하려는 성향이 더 크다"라고 결론 내렸다.

두 번째는 마티유 리카르(Matthieu Ricard)가 저서 『이타주의를 옹호함(Plaidoyer Pour L'altruisme)』을 통해 발전시킨 내용이다. 리카르는 확실한 과학적 증거를 바탕으로 이타주의를 설명하면서, 너그러움이 지닌 힘에 대해 경탄하고 있다.

---

12 | 인간은 미개인이었을 때 선했고 평화를 추구했으며 가장 이상적으로 살았지만, 문명이 발생하면서 불평등해지고 타락하기 시작했다는 주장. 장 자크 루소가 『인간 불평등 기원론』에 소개한 이론이다.

13 | 토마스 홉스가 『리바이어던』에 소개한 이론으로, 자연 상태의 인간은 자신의 이익을 추구하면서 만인과 투쟁하기 때문에 불쌍하고 외로운 존재라는 뜻. 인간이 사회 계약을 체결하고 국가를 세워 안전을 도모하는 것은 이 때문이라고 주장했다.

이런 참고문헌들이 아니라 해도 일상생활의 작은 예들을 통해 너그러움이 인간 본성의 일부라는 사실을 추론해볼 수 있다.

아주 어릴 때부터 아이들은 선과 악을 구별할 줄 알고, 울적한 부모와 친구들을 위로하며, 가족을 돕고 기쁨을 주는 법을 알고 있다. 예를 들어 4세 아이에게 식기세척기 비우는 일을 도와달라고 부탁하면 아이는 기꺼이 도울 것이다(다만 청소년기 아이에게 부탁한다면 같은 결과를 얻지 못할 가능성이 크다).

우리는 매일매일 일상생활 속에서 너그러운 행동을 접할 수 있다. 슈퍼마켓에서 길을 잃은 아이가 오랫동안 방치되는 일은 없고, 길에서 쓰러진 사람은 긴급히 구조되며, 많은 사람이 모르는 사람들을 위해 헌혈을 한다(프랑스에서는 심지어 아무런 대가도 없다). 비상 상황일 때는 숨어 있던 영웅들이 나타난다. 그들은 위험을 무릅쓰고 행인을 구하거나, 때로는 자신을 희생해가며 다른 사람의 목숨을 구하기도 한다. 자연재해가 발생했을 때도 사람들은 자발적으로 연대해 피해자들을 돕는다.

전쟁 때조차 대부분의 군인은 적을 죽일 마음이 없고, 죽일 수밖에 없었던 상황 때문에 이후에 심각한 심리적 트라우마(외상 후 스트레스 증후군)를 겪는다.

거대한 죽음의 숫자들

자크 르콩트가 불시에 발생한 사망자에 관해 정리한 통계를 보자. 2002년 한 해 동안 전 세계 63억 인구 중에서 약 160만 명의 사람들이 불시에 사망했다.

- 자살 87만 명
- 자발적 죽음이 아닌 경우(교통사고 같은 사고사, 살해 등) 56 만 명
- 전쟁 사망자 17만 명

위 통계에 따르면, 자살(우울증으로 인한 경우가 흔하다)로 죽은 사람이 전쟁으로 죽은 사람보다 다섯 배 정도 더 많다는 것을 알 수 있다. 결국 긍정적인 감정을 키우는 것은 공공 건강상의 중요 과제나 다름없다.

너그러움은 인간의 본성 중 하나다. 교육받지 않은 어린아이도 지니고 있을 정도다. 타고난 너그러움을 더 크게 키우는 것은 오로지 자신에게 달려 있다.

타고난 낙관주의자?

행복을 타고난 장인어른

정신의학 의사 크리스토프 앙드레가 자신의 장인에 대해 들려준 일화를 소개한다. 그는 장인을 가리켜 '행복의 위대한 스승'이라고 부른다.

바스크 지방에 사는 앙드레의 장인은 집에 혼자 있다가 머리에 심한 타박상을 입었다. 그는 구조대를 불렀고 헬리콥터로 급히 이송되었다. 나중에 자식들이 집에 돌아왔을 때 그는 위기의 순간을 이렇게 묘사했다. "말도 마, 얘들아. 오늘 오후에 나에게 믿을 수 없는 일이 일어났단다. 내가 바스크 지방을 헬리콥터로 날아다녔거든. 황홀했지. 내 평생 이런 경험은 처음이야."

이를 두고 앙드레는 이렇게 말했다. "그 후로 이 이야기는 가족들에게 재미있는 에피소드로 남았어요. 놀라운 것은 그런 태도를 갖기 위해 장인어른이 노력한 것은 없다는 점이에요. 그의 뇌는 본능적으로 삶의 모든 일에서 좋은 측면을 캐낼 줄 아는 것 같아요."

저자인 우리에게도 그런 면이 있다. 실망을 상대화시켜 보라고 친구를 설득한 뒤 그에게 들은 (점잖지 않은) 말을 잊을 수 없다. "너희는 가다가 똥을 밟더라도 긍정적인 면을 찾아낼 놈들이야."

이런 사례를 보면 정말 낙관주의자냐 비관주의자냐 하는 문제가 태어날 때부터 결정되는 것인가 하고 다시금 생각해보게 된다.

아이들은 대체로 낙관적이고 긍정적이다

아이들이 낙관적인 삶과 아주 친숙하다는 것을 이해하고 싶다면 그들이 노는 걸 지켜보기만 해도 된다. 아이들은 멈추는 법이 거의 없고, 목적을 달성할 때까지 똑같은 시도를 지치지 않고 반복한다. 걸음마를 배우는 과정을 떠올려보자. 수백 번 넘어져도 다시 일어나고, 어떤 일이 있더라도 스스로 걸을 수 있을 때까지 계속 시도한다. 이 얼마나 큰 자신감인가?

마틴 셀리그만은 이렇게 분석한다. "아이들의 행동에서 진화의 원리를 살펴볼 수 있다. 아이들은 몸속에 미래의 유전자를 지니고 있고, 자연은 최상의 결과를 얻기 위해 아이가 안전한 상태로 성적으로 성숙해 후손을 낳게 한다. 한층 진화한 후손은 신체적인 완충장치(인구 구성원 중에서 사춘기 직전 아이들이 사망률이 가장 낮고, 건강 상태도 가장 좋다)뿐만 아니라 심리적인 완충장치도 갖추게 된다. 이때 심리적 완충장치란 무한하고 비이성적인 희망을 말한다."

아이들에게 낙관주의 테스트를 시행하면 대체로 성인이나 청소년보다 훨씬 높은 점수가 나온다. 대체 아이들은 자라면서 무슨 일을 겪게 되는 것일까?

환경의 영향을 받는 아이들

본래 낙관적이었던 아이들은 자라면서 환경의 영향으로 인해 낙관적이거나 비관적인 성향을 띤 사람이 된다.

마틴 셀리그만 연구팀은 몇몇 아이와 부모에게 낙관주의 테스트를 시행했다. 연구팀은 아이의 낙관주의 수준이 어머니의 낙관주의 수준과 매우 유사하고, 아버지의 낙관주의 수준은 아이에게 크게 영향을 미치지 않는다는 결론에 도달했다. 대부분의 경우 어머니가 아이를 가장 많이 돌보기 때문에 어머니의 말과 행동이 가장 크게 영향을 미치는 것이다.

연구를 통해 부모의 세 가지 요소가 아이들의 낙관주의 성향 형성에 크게 영향을 미치는 것으로 파악됐다.

- 부모, 특히 어머니가 말할 때의 어감
- 아이가 실패를 경험할 때 어른들이 보이는 비난의 양상
- 아이가 맞닥뜨린 초기 트라우마의 진전(트라우마가 사라지면 문제는 극복할 수 있는 것이라고 생각하지만, 트라우마가 오래 지속되면 시련이 왔을 때 자신이 무능하다고 느낀다).

새겨두기

아이들은 본래 낙관적이다. 하지만 여러 영향을 받고 자라면서 낙관주의적 성향이 강해지거나 줄어들게 된다.

나의 성향은 어떠한가?

위 질문에 대해 분명히 답하지 못하겠다면 자가 진단을 해 보자. 캐나다 라발 대학교의 크리스티안 트로티에(Christiane Trottier) 교수가 소개한 '삶의 성향 테스트'를 열 가지 항목으로 정리해 당신의 낙관주의 수준을 평가할 수 있도록 옮겨놓았다.

이 테스트를 해보고 그다음으로 넘어가자. 질문을 곱씹지 말고 처음 떠오르는 생각대로 즉각 답해야 한다(좋은 답변, 나쁜 답변이 따로 있는 것은 아니다).

	문항	전혀 그렇지 않다	그렇지 않다	그저 그렇다	그렇다	아주 그렇다
1	불확실한 시기에도 가장 좋은 순간을 기대한다.					
2	긴장을 푸는 일이 쉽다.					
3	안 좋은 일이 발생할 가능성이 있다면 결국 그렇게 될 것이다.					
4	나는 늘 미래에 대해 낙관적이다.					
5	항상 친구들에게 고맙다고 생각한다.					
6	나에겐 일에 몰두해 있는 것이 중요하다.					

7	일이 잘되리라 기대하는 경우가 드물다.				
8	쉽게 속상해하지 않는다.				
9	좋은 일이 일어날 수 있다고 생각하는 경우가 드물다.				
10	나는 나쁜 일보다 좋은 일들이 더 많이 일어나리라 기대하는 편이다.				

다음과 같이 낙관주의 점수를 계산하라.

1), 4), 10)번 문항은 '전혀 그렇지 않다'에 0점을, '그렇지 않다'에 1점을, '그저 그렇다'에 2점을, '그렇다'에 3점을, '아주 그렇다'에 4점을 준다.

3), 7), 9)번 문항은 '전혀 그렇지 않다'에 4점을, '그렇지 않다'에 3점을, '그저 그렇다'에 2점을, '그렇다'에 1점을, '아주 그렇다'에 0점을 준다.

2), 5), 6), 8)번 문항은 점수를 매기지 않는다.

총점이 0점에 가까울수록 비관주의자, 24점에 가까울수록 낙관주의자다.

테스트 날짜와 점수를 아래에 기록한다. 이 책에서 제시하는 너그러운 낙관주의 훈련을 몇 주간 꾸준히 하면서 다시 테스트하고 점수를 기록하자.

날짜: _____ 나의 낙관주의 점수: _____

날짜: _____ 나의 낙관주의 점수: _____

날짜: _____ 나의 낙관주의 점수: _____

　다만 마틴 셀리그만이 『낙관주의의 힘(La Force de L'optimisme)』에서 한 이야기를 참고하여 위 결과를 너무 단정적으로 생각하지는 말자. "견고한 낙관주의자와 고질적인 비관주의자가 존재하는 것은 분명하지만, 낙관주의 테스트마다 두 가지 유형을 나누는 기준이 완전히 일치하거나 확정적이지 않다."

유전 / 환경 / 자유의지

　빈곤에 시달릴 만큼 가난해 우울증을 겪는 사람이라면 다른 사람들의 우울감에 선뜻 공감하지 못할 것이다. "이해할 수 없어! 저 사람은 행복에 필요한 모든 것을 갖추고 있잖아!"라고 말할지도 모른다. 이런 태도는 행복이 오직 삶의 물질적 환경에 달려 있으며 개인적 의지나 그 밖의 요소와는 상관없다는 생각을 전제로 한다. 하지만 사실은 이와 다르다.

　낙관주의는 물질적 풍요로움보다 아래 세 가지 요소의 영향을 더 많이 받는다.

- 유전형질
- 생활환경: 가난이나 부유함, 가족 구성원, 교육, 어린 시절의 다양한 환경 요인 등
- 자유의지: 어떤 사안을 대할 때 스스로 선택하는 방식

유전형질은 우리가 어쩔 수 없이 받아들여야 하는 부분이다. 그렇다 하더라도 "비관주의는 기질에서 나오고, 낙관주의는 의지에서 나온다"라는 알랭(Alain)[14]의 격언을 새기며, 곧이어 제5강에서 낙관적인 성향을 키우는 방법에 대해 알아보겠다.

타고난 낙관주의자가 아닌 사람들에게 전하고 싶은 또 하나의 메시지는 바로 이것이다. "누구나 낙관주의자가 되는 방법을 찾을 수 있다!"

『How to be happy』에서 소냐 류보머스키는 약 20년간의 조사 결과를 소개하고 있다. 행복 가능성은 유전적 요인이 50퍼센트, 환경적 요인(사회 환경, 가정 환경)이 10퍼센트, 개인의 의지(평소 행동과 삶에 대한 태도)가 40퍼센트로 이루어져 있다. 적어도 50퍼센트는 노력으로 달라질 수 있다는 말이다. 그러므로 행복한 사람이 되는 일은 자신의 손에 달려 있다.

---

14 | 프랑스 철학자. 본명은 에밀 샤르티에고 알랭은 필명이다.
저서로 『알랭의 행복론』이 있다.

유전적 요인
개인의 의지
환경적 요인

10%

50%

40%

행복 가능성을 결정하는 요소

이 연구가 낙관주의에 관한 것은 아니지만, 해당 논리를 낙관주의에도 적용해볼 수 있다. 즉 유전형질이나 삶의 환경이 어떻든 간에 낙관주의를 키우는 것은 우리 역량에 달려 있다!

시도한다고 손해 볼 일은 없다. 낙관주의 키우기는 누구나 할 수 있는 일이며 약간의 의지와 훈련만 있으면 된다. 북아메리카 인디언들의 재미있는 이야기처럼 말이다.

북아메리카 인디언들 이야기

할아버지가 손자에게 이야기했다.

"우리 마음속에는 두 마리 늑대가 살고 있단다. 한 마리는 공포, 증오, 이기주의의 늑대고 한 마리는 믿음, 사랑, 의지의 늑대야. 두 늑대는 평생 악착스럽게 싸우며 지내지."

소년은 할아버지에게 어떤 늑대가 이기느냐고 질문했다. 지혜로운 할아버지가 답했다. "네가 더 잘 키운 늑대가 이긴단다."

인간의 뇌는 재프로그래밍이 가능하다. 1970년대에 달라이 라마는 단순한 생각이 우리 뇌 구조를 바꿀 수 있다고 주장했고, 이 주장은 연구를 통해 검증됐다. 예를 들어 런던 택시 운전사들의 뇌는 일반인들보다 훨씬 더 큰 해마(공간 기억 전문의 뇌 부위)를 지니고 있다는 연구 결과가 있다.

또 다른 연구에서는 시각 장애인이 점자를 읽을 때 사용하지 않는 집게손가락을 바늘로 자극하면, 뇌의 작은 부위가 환해지는 것을 발견했다. 그런데 점자를 읽을 때 사용하는 집게손가락을 바늘로 자극하면, 더 큰 대뇌피질 부위가 반짝였다.

 새겨두기

- 개인의 낙관성은 유전형질, 생활환경, 자유의지 세 가지 요소에 달려 있다.
- 누구나 낙관주의자가 되는 방법을 찾을 수 있고, 이 책이 당신을 도울 것이다!

- 인간은 본래 너그러운 존재다. 일상생활은 '평범하게 선한' 예들로 가득하고, 이런 경향은 어린아이 때부터 흔하게 나타난다.
- 아이들은 본래 낙관주의적 성향을 지니고 있다. 자라면서 다양한 것에 영향받아 낙관주의 성향이 강화되거나 약화된다. 특히 큰 영향을 미치는 요인은 부모(특히 어머니)의 어감, 실패를 경험할 때 어른들의 반응, 초기 트라우마의 극복 여부다.
- 개인의 낙관주의 경향은 유전형질, 생활환경, 자유의지에 달려 있다. 훈련을 통해 긍정적 생각들을 많이 만들어낼 수 있다. 이 책이 당신을 도울 것이다.

제5강

걸림돌 제거하기

행복해지려면 의지만으로 달라지지 않는 것들에 대해서는
그만 걱정하는 수밖에 없다.

– 에픽테토스

- 내재적 걸림돌

- 주위 사람들과 관련된 걸림돌

- 피해야 할 함정

내재적 걸림돌

훌륭한 낙관주의자가 되지 못하는 것이 의지가 부족해서는 아니다. 낙관주의를 키우려면 우리 안의 장애물부터 제거해야 한다.

초일 주기

24시간 동안 우리 몸의 생체리듬은 초일 주기[15]를 반복한다. 한 번의 초일 주기는 대략 90분 정도로 이 시간 동안 우리 몸은 민첩하게 움직인다. 그다음 약 20분 동안은 기면 상태(마비 상태)로, 우리 몸은 에너지가 떨어지고 부정적인 감정에 쉽게 사로잡힌다. 이 리듬이 반복되며 하루를 사는 것이다.

초일 주기에서 벗어나려고 애를 써봤자 소용없다. 반면 잠깐이면 지나갈 '작은 무기력증'이 왔다고 생각하면 기면 상태를 견디기가 한결 쉬워진다. 그 시간 동안 짧은 휴식을 취하거나 의식을 환기하자.

적의를 품은 메일

클로틸드는 대기업 생산팀장이다. 몇 달 전부터 물품 공급을 담당하고 있는데, 어느 날 작업 시작 직전에 법률팀에게 메일 한 통을 받았다. 일 처리를 잘했다고 생각한 공급 현황에 문제가 있다면서 공급을 연기하라는 내용이었다.

클로틸드는 분노했다. 메일을 보낸 법률팀 직원의 직업의식을 문제 삼으면서, 그 권고가 타당하지 않다며 적의를 담은 메일을 보냈다. 30분 후, 클로틸드는 화낸 것을 후회했고 그사이 몇몇 팀장이 해당 메일을 공유했다.

저녁 무렵 생산팀 부장이 클로틸드를 찾아왔다. 그는 표현이 지나친 메일을 쓴 것 때문에 소란이 벌어졌으니 법률팀 직원에게 사과하라고 말했다.

위 사례를 통해 갑작스레 부정적 감정에 사로잡혔을 때 조급하게 행동해서는 안 된다는 것을 배울 수 있다. 중요한 결정을 하기 전에 잠시 생각하는 시간을 가져보자. 그동안 부정적 감정과 충분한 거리를 두게 돼 감정에 쏠려가지 않는다. 위 경우라면 메일을 바로 보내기보다 흥분 상태에서 작성한 초안을 저장했다가 나중에 다시 살펴보고 보내는 편이 좋다.

유전과 진화

부정적 감정은 최초의 인류에게도 존재했다. 더구나 부정적 감정이 생기는 것은 수많은 위협에서 자신을 보호하고 생존해야 했던 선사시대 인류의 자연스러운 방어기제라 볼 수 있다.

---

15 | 24시간보다 짧은 주기의 생체 리듬을 말함.

포식 동물이 가까이 있을 때 스트레스가 발생하고 이는 혈압을 상승시키고 기관지를 확장하며 뇌에 혈액과 충분한 산소를 공급하는 호르몬을 분비시킨다. 요컨대 더 효율적으로 도망칠 수 있게 한다. 어쩌면 부정적 감정은 종의 생존에 도움을 주었고, 그 결과 우리는 모두 얼마간의 비관주의를 지닌 채 태어나게끔 되었는지도 모른다.

지금도 위험에 대비하는 것은 우리 모두의 관심사다. 한데 환경이 변한 오늘날 부정적 감정은 여전히 방어기제의 역할을 할까? 달리 말해보자. 직장 동료들과 대립할 때 자신을 보호하기 위해 부정적 감정이 필요할까? 선사시대 인류가 야생동물이란 위험에 대비했던 것처럼 말이다.

대답은 물론 '아니요'이다. 현대사회에서 우리는 도망치는 것보다 훨씬 더 유용한 능력들을 개발했다. 바버라 프레드릭슨의 '확장과 구축 이론'에 따르면, 대립이나 회피하는 것 대신 가능성을 고려하는 습관을 들이면 새로운 상황과 마주할 때도 더 창의적이고 열린 마음으로 임하게 된다.

숀 아처는 이 이론을 보충하면서 이러한 확장 효과가 생체 현상이라는 점을 설명한다. 즉 긍정적 감정은 행복에 기여하는 도파민과 세로토닌, 아민을 생산하게 하고, 학습능력을 향상시키며, 사고력과 창의성을 높인다. 토론토 대학의 한 연구가 이런 결과를 뒷받침한다. 긍정적 감정을 드러내는 사람들과 부정적 감정을 드러내는 사람들의 분석 능력에서 차이가 관찰됐기 때문이다. 실험을 위해 임상실험 지원자들에게 같은 그림을 보게 했다. 부정적 기분 상태에 있던 지원자들은 그림의 세세한 곳을 보지 못했지만, 기분이 좋은 상태에 있던 지원자들은 어느 것도 놓치지 않았다. 안구 움직임을 테스트한 결과, 실제로 긍정적 감정이 시각 영역을 넓혀준다는 사실을 알게 되었다.

낙관주의를 따른다면 초기 인류부터 내려온 유전적 비관주의 성향과 맞서는 것일 수도 있다. 하지만 우리는 비관주의 성향을 완전히 없애려는 게 아니다. 몇 가지 훈련을 통해 뇌를 재프로그래밍하고 더 낙관적으로 사고하면서 제어 가능한 만큼의 적당하고 유익한 비관주의를 남겨두도록 하자.

학습된 무기력

학습된 무기력은 1960년대에 마틴 셀리그만, 스티븐 마이어, 브루스 오버미어가 정리한 개념으로 다음과 같은 관찰을 바탕으로 한다. 피할 수 없는 전기충격을 받은 동물(쥐, 생쥐, 개)들은 차후에 다른 난관에서도 무기력하게 반응했다. 피할 수 있는 여지를 두고 같은 전기충격을 받은 동물들은 이후 다른 장애를 만났을 때도 효율적으로 대응했다.

전기충격 대신 몸에 해롭지 않은 불쾌감을 주는 자극(심한 소음 등)을 주는 방식으로 동일한 원리의 실험을 사람에게도 실행해 보았다. 이때 임상실험 지원자들을 세 그룹으로 나눴다.

- A그룹: 피할 수 없는 자극을 받는 그룹
- B그룹: 버튼을 누르면 자극이 멈추는 등 피할 방법이 있는 그룹
- C그룹: 어떤 자극도 받지 않는 통제 그룹

두 번째 단계의 실험은 장소를 옮겨 진행했으며 각 지원자들에게 상자 하나씩을 주었다. 지원자가 그 상자 한쪽에 손을 넣으면 소리가 나고, 손을 약간 움직이면 소리가 멈춘다. B그룹과 C그룹의 지원자들은 소리를 멈추게 하는 법을 금방 알아챘지만, A그룹의 지원자 대부분은 소리가 멈추기를 수동적으로 기다렸다. 여기서 주목할 점은 B그룹 지원자들이 통제 그룹인 C그룹보다 대처 능력이 더 뛰어났다는 사실이다. 상황을 지배할 수 있겠다는 자신감이 그들을 더 영리하게 만든 것이다.

사람들은 어렸을 때부터 많은 부정적 사건을 접한다. 이따금 견디는 것 말고는 아무것도 할 수 없을 때가 있다. 어떤 때는 대응법을 찾아내기도 한다. 이러한 과정을 겪으며 무기력하거나 자신감 넘치는 성향이 결정되고 어떠한 난관과 맞닥뜨렸을 때 극복하는 방식이 정해진다.

그렇다고 피할 수 없는 부정적 사건을 겪은 사람들이 전부 다 무기력해지란 법은 없다. 일반적으로 한 집단에서 1/3가량의 사람들은 무기력해지지 않고, 10명 중 한 명은 그 어떤 외부

조건에도 영향받지 않는다고 한다. 오히려 우리는 '학습된 무기력'이 아니라 '학습된 낙관주의'에 집중해야 한다. 위 실험의 B그룹처럼 아무리 힘든 일을 겪더라도 그것이 일시적이고 되돌릴 수 있다고 확신하는 사람은 다른 난관에도 무기력해지지 않는다.

달리 말해 피할 수 없는 부정적 사건의 트라우마로 인해 무기력한 성향이 형성됐더라도, 이 책의 조언에 따른다면 좀 더 낙관적인 사람이 될 수 있다.

쾌락 적응

수천 년에 걸쳐 인간은 놀라운 적응력을 보여주었다. 종의 생존에 필수적이었던 이 능력은 행복을 느끼는 데는 도움이 되지 않는다. 안타깝게도 우리는 너무나 쉽게 좋은 것들에 적응하고 만다.

몇 차례 언급한 '쾌락 적응'이라고 부르는 이 현상은, 자신의 삶을 긍정적이고 낙관적으로 보려고 애쓰는 사람들에게 심각한 장애 요소가 된다. 이 현상은 물질적 적응, 감정적 적응 등삶의 전 영역에서 나타난다.

쾌락 적응은 너그러움을 방해하기도 한다. 종종 다른 사람들이 우리를 위해 기울인 노력을 당연하게 여기도록 만든다.

세 번째 장에서 제안하는 대부분의 훈련법은 쾌락 적응에 맞서기 위한 것이다. 긍정적인 감정을 유발하는 요소들을 잘 찾아내는 법과 긍정적 감정을 키우고 풍성하게 만드는 법을 배우면, 낙관주의와 너그러움을 쉽게 발전시킬 수 있을 것이다.

> 낙관주의를 키우기 위해서는 우리 내부의 장애물인 생물학적·유전적 요인 또는 안 좋은 습관을 극복할 수 있어야 한다.

주위 사람들과 관련된 걸림돌

내부의 걸림돌을 제거하는 것이 낙관주의를 향한 첫 단계였다면 그다음 단계는 외부의 장애물인 타인과의 관계 속 걸림돌을 제거하는 것이다.

다른 사람들의 시선

자크 르콩트는 『인간의 선함』 서문에서, 책 기획에 대한 여러 사람들의 반응을 소개한다. "이제야 나를 '귀여운 이상주의자'라고 놀리던 사람들에게 반박할 논거를 제시할 수 있겠어!"

훌륭한 낙관주의자는 이처럼 '귀여운 이상주의자'와 같은 놀림을 당하곤 한다. 왜냐하면 비관주의자의 눈에는 우리가 작은 일에 감탄하는 순진한 사람이나 행복한 바보들로 보이기 때문이다! 요컨대 낙관주의자는 약간 멍청한 사람으로 보일 우려가 있다.

앞서 수많은 자료와 합리적 추론 등 다양한 논거를 제시하며 이런 생각이 근거가 없음을 보여주었다. 그럼에도 불구하고 여러 심리학적 연구에서 부정적인 말을 하는 사람이 긍정적인 말을 하는 사람보다 좀 더 똑똑한 것처럼 인식된다고 밝히고 있다. 심지어 쓰는 어휘가 비슷하더라도 말이다.

계속해서 낙관주의를 옹호하는 입장을 피력하다 보면 당신도 불평하거나 비난하거나 화를 내게 될지도 모른다. 하지만 진정한 낙관주의자라면 반대 의견을 가진 사람을 설득하면서 흥분해서는 안 된다. 해당 주제를 끊임없이 이야기하면서도 통찰력을 발휘해보자. 낙관주의자의 장점 중 하나가 건설적으로 문제에 대처할 줄 안다는 것 아니던가.

긍정적인 자세를 취할 때 그것을 불신하는 거만한 사람들의 시선에 흔들리지 않도록 하라. 낙관주의를 굳게 유지하고 차분하게 이야기하라. 긍정적인 자세가 좋은 결과로 이어진다는 것을 스스로 입증한다면 다른 사람들의 마음을 사로잡을 수 있다.

주위의 부정성과 맞서기

종종 극단적으로 부정적인 사람을 만나면 어떻게 행동해야 할지 몰라 당황할 때가 있다.

이때 범하지 말아야 하는 실수는 투덜대는 사람이 잘못되었고, 우리는 그의 나쁜 성질에 꼼짝없이 당하고 있다고 생각하는 것이다. '가까이 다가가 봤자 내가 무엇을 바꿀 수 있겠어?'라고 생각하는 것도 금물이다. 이런 태도는 그 사람을 부정성에서 벗어나게 돕지 못하며 심지어 부정성을 강화한다.

불화의 씨앗이 될 뻔한 냄비

일요일 아침 쥘리앵은 기분 좋게 잠자리에서 일어났다. 크루아상을 사온 다음 아내 클로에를 위해 맛있는 아침을 준비했다. 클로에가 좋아하는 코코아를 끓이려다가 그만 냄비를 떨어뜨리고 말았다. "아이코, 실수를 했네!" 냄비를 주운 뒤 아침 준비를 만족스럽게 마무리한 쥘리앵은 배려심 가득한 자신의 행동에 클로에가 보일 반응을 생각하며 흐뭇해했다.

몇 분 후 클로에가 기쁜 나쁜 표정으로 주방에 들어와서 이렇게 쏘아댔다. "웬 소란이야? 깜짝 놀라서 깼잖아. 일요일인데 조용히 잠 좀 자게 내버려두면 안 돼?"

그 반응에 기분이 나빠진 쥘리앵은 '넌 이런 태도가 문제야'라고 말하고 싶었다. 하지만 그랬다간 클로에는 계속 화낼 테고 일요일 하루가 엉망이 될 것이 뻔했다.

쥘리앵은 크게 한 번 숨을 쉬어 마음을 가라앉히고 클로에에게 말했다. "자기야, 잠 깨워서 미안해. 오늘같이 화창한 일요일 아침, 깜짝 선물을 주고 싶었어. 그런데 냄비를 떨어뜨렸지 뭐야. 자기에게 코코아를 끓여주려고 했거든."

클로에는 순식간에 기분이 좋아졌고, 미안해서 어쩔 줄 몰라 했다. 두 사람은 온종일 행복한 시간을 보냈다.

쥘리앵과 클로에의 예는, 다른 사람의 부정성에 맞서는 가장 좋은 방식은 계속해서 긍정적이고 너그러운 자세를 유지하는 것임을 알려준다. 실제로 이런 방식으로 대하면 부정적 감정을 자극하지 않을뿐더러 상대가 그런 감정에서 벗어날 수 있게 돕는다.

그렇지만 부정적 생각의 악순환에서 벗어나고 싶어 하지 않는 사람도 있다. 그것은 그 사람의 권리이고 그럴 만한 이유가 있을 것이다.

이때 당신은 두 가지 선택을 할 수 있다.

첫 번째는 그저 멀리 떨어져 있는 것이다. 상대가 갑작스레 기분이 상해 있을 때는 잠깐 이런 방법을 쓰는 것이 효과적이다. 그런데 장기적으로 이런 상태가 지속되면 시간이 지날수록 관계가 회복되기보다 나빠진다.

두 번째는 바버라 프레드릭슨이 '긍정의 합기도'[16]라고 부르는 방법인데, 상대를 기분 상하게 하지 않고 자신의 기분도

---

16 | 바버라 프레드릭슨의 저서 『긍정의 발견』에 소개된 내용으로 '합기도의 기본 원칙은 본인이나 공격자 모두에게 해를 입히지 않고 공격을 무력화시키는 것이다'라는 취지를 담은 용어다.

상하지 않은 상태로 공감과 연민을 보이면서 상대의 부정성을 걸러내는 방법이다. 예를 들어 상대가 도움을 요청해온다면, 당신은 자신이 느끼는 바와 함께 상대에게 타개책이 될 의견을 전해줄 수 있다. 다만 상대의 상황과 관련해 어느 정도 감정적 거리를 두고 있음을 명확하게 밝혀야 당신이 고통을 겪지 않는다.

행복우선주의

오늘날 행복은 모두가 누릴 수 있는 권리, 한층 더 나아가 의무라고까지 생각하는 경향이 있다. 그러다 보니 행복해야 한다는 사실을 따라야 할 명령처럼 받아들이기도 한다. '지금 당장 행복해야 한다', '행복해지지 못하면 창피한 일이다'라고 말이다.

행복해져야 한다는 강박은 예민한 사람에게 역효과를 낸다. 부정적 감정에 휩싸이자마자 죄의식을 느끼기 때문이다. 극단적인 경우에 행복이라는 소용돌이의 포로가 돼버려 우울증에 걸릴 수도 있다.

이럴 때는 부정적 감정을 느낄 필요성과 권리를 인정하도록 하자. 종종 자신이 내리는 대부분의 결정이 합리적 근거에서 나온 것이라고 확신하려 하지만 소용없을 때가 있다. 먼저 자신의 감정을 따라가 보자. 부정적 감정을 느끼지 않으려고 하는 몸부림은 난센스일 뿐이다. 겉으로는 낙관적인 척하며 살 수 있지만, 잠재된 부정적 감정은 여전히 무의식 속에 남아 있고 어떤 방식으로든 드러나기 마련이다.

평소에 감정을 잘 관리해야 그것이 확산돼 독이 되지 않는다. 내 모든 감정은 자신의 일부라는 것을 인정하고, 자신을 너그럽게 대하며 실패가 성공의 중간 단계라는 점을 명심하자.

새겨두기

타인은 행복에 꼭 필요한 존재이지만, 우리의 긍정적 감정을 방해할 수도 있다. 타인의 시선에서 자유로워지고 주위의 비관주의에 물들지 않도록 해야 한다. 그렇다고 불쑥 튀어나오는 부정적 감정을 감출 필요는 없다.

피해야 할 함정

낙관주의의 장애물을 하나하나 점검해 제거했으니, 이제 위험 요소에 주의를 기울일 차례다.

주위 사람들 지치게 하기

누군가 스트레스를 받거나 슬프고 우울한 상황에 빠져 있다면 낙관주의를 강조하기보다 그들의 이야기에 귀를 기울이고 공감해주려는 노력이 우선해야 한다. 실제로 무분별한 낙관주의 강요는 부정적 결과를 초래할 수 있다. 장례식에서 돌아가신 분을 애도해야 할 시간에 "고통을 겪지 않는 사람은 없다"라든가, "이런 슬픈 모습은 아이에게 안 좋을 수 있다"라는 말을 한다면 무슨 위안이 되겠는가?

낙관적인 사람들이 존경받는다면 그것은 주위 사람들의 사기를 북돋아 주는 긍정적 에너지를 퍼뜨리기 때문일 것이다. 앞서 살펴봤듯이 긍정적 감정은 쉽게 다른 사람에게 전이된다. 그렇지만 당장 긍정성을 끌어내려는 열정은 같은 순간이라 해서 같은 에너지를 지닐 수 없는 주위 사람들에게 고통이 될 수 있다. 어느 날 친구가 "너의 그 너저분한 낙관주의 때문에 피곤해 죽겠어!"라고 불평할 수도 있다.

이런 반응을 접한다면 친구가 왜 그런 말을 했는지 곰곰이 생각해보라. 그저 기분이 안 좋았던 걸까? 당신의 이야기가 지겨워서 그런 걸까? 친구의 지적을 인정하고 결론을 이끌어낸 다음 필요하다면 당신의 행동을 수정해야 한다. "나는 친구의 이야기를 충분히 귀담아듣고 있는가?", "위로와 따뜻한 지지를 바랐는데 내가 눈치채지 못한 것은 아닐까?" 스스로에게 질문해보자.

토마는 여자친구와 헤어진 지 얼마 안 된 터라 몹시 낙담한 상태다. 친한 친구가 한 명 있는데 그 친구는 지나친 낙관주의자다. 전화를 걸고서 대뜸 이렇게 말할 정도다. "어이 친구. 걱정하지 마. 넌 항상 여자애들하고 잘됐잖아. 빨리 다른 여자를 만나라고. 우리 머리도 식힐 겸 저녁에 만날까?"

토마는 그 제안을 거절했고, 친구가 "여자친구를 대신할 여자는 많잖아!"라고 말하는 걸 듣자마자 전화를 끊어버렸다. 토마는 정작 필요한 위로의 말을 듣지 못했고 한층 더 외롭고 우울해졌다.

현실 감각 부재

지나친 낙관주의자는 현실 감각을 잃은 탓에 '하여간 난 운이 좋은 놈이야'라고 안심하고 무분별한 행동을 저지르다가 위험에 빠지고 만다. 예를 들면 자신의 건강 상태를 과신한다. '나에게는 별일 없을 거야. 문제는 다른 사람에게나 생기지'라고 대수롭지 않게 생각하고 하루에 담배 두 갑을 피운다거나 시속 200킬로미터로 자동차를 운전한다. 이런 행동이 큰일로 이어지지 않을 수도 있다. 그러나 생활 전반에서 자신을 극단적으로 몰고 갈 수 있어 상당히 위험하다. 조던 벨포트의 자서전을 기반으로 한 마틴 스콜세지의 영화 〈더 울프 오브 월 스트리트〉가 좋은 예다. 벨포트는 1980년대에 증권거래소에서 중개인으로 일한다. 그러다 해고를 당한 뒤 자기 회사를 세우고 투기를 일삼으며 위험한 일들을 벌인다. 마침내 그는 큰돈을 벌지만 점점 더 위태로운 생활을 이어나간다. 어떤 것도 성공을 방해할 수 없다고 확신하는 마약 중독자가 된 벨포트는 부정한 거래를 계속하고, 결국 내부자 거래와 돈세탁으로 체포되기에 이른다. 2년의 수감 생활 후 조던 벨포트는 삶을 대하는 태도를 완전히 바꿔 판매 기술 분야 강연자가 된다.

 새겨두기

낙관주의에 대한 열정이 지나치지 않도록 주의하자. 강박적인 낙관주의자가 아니라 너그럽고 현실적인 낙관주의자가 되자!

- 낙관주의를 강화하려면 자기 안의 장애물을 제거해야 한다. 생물학적 장애물, 유전적 장애물, 과거 겪은 일이나 습관에서 비롯한 장애물이 있다.
- 주위 사람들도 긍정적 사고 발달에 걸림돌이 될 수 있다. 다른 사람들의 시선, 주위의 부정성에서 벗어나려는 노력이 필요하다.
- 도를 넘지 않도록 주의하자. 가까운 사람들에게 낙관주의를 강요해 숨 막히게 한다든지, 과도하거나 서투른 낙관주의로 현실 상황을 부정해서는 안 된다.

제6강

정신적 장애물과
부정적 생각 극복하기

그들은 그것이 불가능하다는 것을 알지 못했다.
그래서 그걸 해냈다.

– 마크 트웨인

개 요

- 부정적인 생각을 없애라

- 반박의 기법

- 힘든 상황에서도 긍정적인 면을 찾아내라

- 부정적인 생각을 받아들여라

부정적인 생각을 없애라

부정적인 감정을 느끼는 것은 당연한 일이다. 중요한 것은 부정적 감정이 우리를 사로잡지 못하도록 잘 대처하는 것이다. 재빨리 심리적 안정을 되찾거나 부정적 감정으로 인한 피해를 줄일 수 있는 방법을 알아보자.

소란스러운 내면의 목소리

부정적인 뉘앙스를 풍기는 내면의 목소리를 들어보지 않은 사람이 어디 있을까. 우리의 성향이 어떠하든 내면의 목소리는 기회가 있을 때마다 소란스럽고 끈질기게 틈새를 비집고 들어온다.

나 때문에 기분 나빴나?

몇 달 전, 친한 친구가 한동안 소식이 뜸했다. 나는 친구와 마지막으로 나눈 전화 통화를 떠올리며, 내가 한 말 중에 혹시라도 그의 기분을 상하게 한 것은 없었는지 생각했다. 겨우 그 친구와 전화 연결이 되었을 때, 그녀는 힘든 시기를 보냈고 그동안 혼자 있고 싶었다고 털어놓았다. 친구는 기분이 한결 나아졌다며 나와 함께 논의할 수 있다는 데 기뻐했다. 나는 마음의 부담감을 덜어냈고, 우리 관계를 걱정했던 나 자신이 조금 바보같이 느껴졌다.

때때로 문제를 재검토하는 것이 유익하고 현명하더라도, 내면의 목소리가 내는 대부분의 부정적 생각은 불필요하다는 점을 의식하자. 부정적 생각을 계속하다 보면 그것이 현실이 될때도 있기 때문이다. 결국 부정적 생각을 하는 것만으로도 두려워하던 결과를 초래한다!

당신이 한 달 전부터 다이어트를 하고 있고 4킬로그램을 감량했다고 상상해보자. 저녁식사에 초대받았는데, 당신은 폭식을 하지 않기로 결심한 상태다. 그러나 식전 음식으로 쟁반에 담겨 나온 쿠키와 피스타치오를 보고 결심이 꺾이고 말았다. 만약에 '난 정말 의지가 약해. 한 달 전부터 쏟은 모든 노력이 수포로 돌아갔어'라는 생각에 사로잡힌다면, 아마도 자포자기의 심정으로 폭식할 것이고, 그다음 날 아침 몸무게를 재면서 우울해할 것이다. 또한 이 사건으로 인해 다이어트를 포기할 수도 있다. 이때 부정적인 생각을 잠재우고 '한 달이나 노력했잖아. 조금 흔들릴 수도 있는 거지 뭐. 내일부터 다시 주의하면 모든 것이 잘될 거야'라는 생각을 한다면 폭식하지는 않을 것이다.

스스로 정신적 장애물을 조성하려는 경향은 정상적인 일이다. 다행히 간단한 반사적 행동으로 극복할 수 있다.

의식 환기로 기분 전환하기

부정적 생각과 맞서기 위한 여러 행동이 있다. 일시적이고 심각하지 않은 수준의 부정적 생각이 떠올랐다면, 가장 간단한 해결법은 다른 생각을 하는 것이다. 특히 조깅을 비롯한 다른 신체 활동을 하는 편이 효과적이다. 영화 보기, 토론, 독서, 요리 등을 해도 좋다. 가장 편안하게 할 수 있는 일을 찾아보자.

아들이 좌절할 때 ───────────

아리스티드는 킥보드를 타다 넘어져서 울기 시작했다. 아프기도 했고 더 타기 겁났으며 약간은 창피했다. 아리스티드의 부모는 넘어질 수도 있고 괜찮다고 달래주었지만 아무 도움이 되지 않았다. 아리스티드는 불안함에 계속 울어댔다.

이때 엄마가 전략을 바꿔 놀란 듯이 말했다. "네가 빨간색 스포츠화를 신었고 축구팀 주장 셔츠를 입고 있다는 것을 깜빡했구나. 완전 챔피언 복장이잖아! 그 복장으로 빨리 달려가면 저쪽으로 놀러간 친구들을 금방 따라잡을 수 있겠는걸!"

아리스티드는 울음을 그친 뒤 재빨리 달려나가 친구들을 따라잡았고 이내 즐거워했다.

───────────────────────────────

기분 전환은 두려움에 사로잡혀 있는 아이들에게 특히 효과적이다. 그렇지만 예민한 사람은 쉽게 기분을 전환하지 못하고 더 혼란스러워 할 수도 있다. 이런 경우 아래의 방법을 따라 해 보자.

상황을 다르게 해석하기

당신 남편이 5일 동안 동료 여직원과 함께 출장을 갔다가 오늘 저녁에 돌아온다. 당신은 남편을 본다는 사실에 기뻐서 함께 로맨틱한 저녁 시간을 보낼 상상을 하고 있다. 한데 남편이 집에 도착하자마자 너무 피곤하다며 식사도 거른 채 바로 자야겠다고 말한다. 몇 시간 후, 침대에 누운 채 잠을 이루지 못한 당신은 남편이 코 고는 소리를 듣고서는 근거 없는 상상을 하기 시작한다. '이 사람과 여직원 사이에 무슨 일이 있었던 게 분명해.'

여기서 멈춰야 한다! 다르게 해석할 여지도 있지 않을까?

예를 들어 당신 남편은 전날 밤 (당신이 그리워서) 잠을 설쳤을지도 모른다. 출장 가서 한 일이 제대로 마무리되지 않아 피곤했을지도 모른다. 여직원과 업무상 말다툼을 해서 괴로웠을지도 모른다. 비행기 냉방장치 때문에 추위에 떨었을지도 모른다.

이처럼 타당해 보이는 다양한 이유가 있다. 물론 당신이 불안해하는 그 해석도 가능하다. 그렇다면 다음 날 남편과 함께 침착하게 일찍 잠자리에 든 이유에 대해 이야기를 나누면 된다.

어떤 사람들은 천성적으로 낙관적이어서 상황을 항상 긍정적으로 해석한다. 당신이 그렇지 못하다면 훈련만이 유일한 해결책이다. 천천히 시간을 들여 긍정적 해석들을 궁리해보라. 어떤 상상을 하든 생각은 자유지만 그 가설을 현실에서 확인하는 것은 필수적이다.

반박의 기법

일반적으로 사람들은 자기 내면의 목소리를 거스르기보다 다른 사람의 의견을 반박하는 일을 더 쉬워한다. 그러므로 내면의 목소리를 구체화하고 인격을 부여해 타인의 목소리처럼 만든다면 조금 더 쉽게 맞설 수 있다.

마틴 셀리그만은 이것을 '목소리의 외재화 기법'이라고 부른다. 각자의 상황과 특성에 따라 이 목소리를 당신이 좋아하지 않는 사람, 행복을 주는 사람, 또 다른 친구의 목소리라고 가정해보자.

처음에는 내면의 목소리를 타자화하는 것이 어색할 수 있으며 꾸준한 훈련이 필요하다. 믿을 만한 사람에게 역할을 맡아달라고 부탁하는 것도 좋다.

나는 딸들과 몇 가지 역할 놀이를 하며 내면의 목소리를 제어하는 훈련을 해왔다. 아이들이 좋지 않은 학교 성적을 받아왔다는 가정을 한 뒤 아이들의 특성에 따라 내용을 구성했다.

싫어하는 친구 버전

나는 딸 엘자가 좋아하지 않는 반 친구 역할을 맡았다.

엘자: 수학 성적이 형편없게 나왔어.

나: 너야 늘 그렇지 뭐. 난 최고 점수가 나왔는데!

엘자: 잘난 체가 심한 거 아니니? 내 성적이 아주 나쁜 것은 아니거든. 다음번에는 잘 나올 거야.

좋아하는 친구 버전

나는 딸 오르르가 제일 좋아하는 친구 역할을 맡았다.

오르르: 성적이 형편없게 나왔어. 엄마가 실망하겠네.

나: 에고, 어떡하니. 엄마가 엄격하신가 봐. 성적이 나쁘다고 혼내시다니…….

오르르: 아니야. 성적 때문에 기분은 안 좋으시겠지만 화내지는 않으실 거야. 엄마가 중요하게 여기시는 건 '내가 얼마나 공부를 열심히 했느냐'거든.

두 가지 버전의 역할 놀이를 통해 내 딸들은 자연스럽게 건설적이고 긍정적으로 문제에 접근하게 되었다.

기분 상할 만한 일에서 좋은 결과를 얻을 수도 있다. 가까운 사람이 작고하거나 큰 병에 걸린 것과 같은 심각한 상황이 아니라면 늘 '전화위복'이란 말을 떠올리자. 부정적 생각으로 스스로를 괴롭히지 말고 다음과 같은 물음에 답해보자.

- 이 일의 긍정적인 면은 무엇인가?
- 어떠한 긍정적인 결과가 기대되는가?(나에게 / 가까운 사람들에게 / 그 밖의 사람들에게)
- 배울 점은 무엇인가?
- 이 일이 미래의 나에게 어떤 도움이 될까?

이런 질문을 함으로써 무조건 안 좋게 생각했던 상황을 좀 더 객관화해 바라볼 수 있다.

글루텐을 못 먹어 미각이 발달한 꼬마

8세 로라는 소화지방변증을 앓고 있다. 이는 단백질의 일종인 글루텐이 몸에서 부작용을 일으켜 밀가루 음식을 먹지 못하는 증상이다. 일상생활에서 불편한 점이 많은데, 예를 들어 반 친구들이 과자나 밀가루가 든 음식을 싸 올 때 로라 혼자 먹지 못한다.

하지만 이 병은 결국 로라에게 긍정적으로 작용했다. 로라의 가족은 유해 성분이 많이 든 즉석식품을 멀리했으며 밀가루 대신 다른 곡물가루로 대체해 전혀 새로운 레시피로 요리했다. 이로써 로라와 가족은 좀 더 다양한 식재료를 접하게 되었다. 또한 로라는 음식을 먹을 때 밀가루가 포함돼 있는지 늘 눈여겨보았고 어린 나이에 비해 미각이 발달하게 되었다.

부정적인 생각을 받아들여라

아무리 명철한 조언을 한다고 하더라도 당신이 느끼는 부정적 감정을 완전히 제거하지는 못할 것이다. 또한 어떤 때는 부정적 감정과 거리를 두는 것이 불가능할 수도 있다. 이럴 때를 대비해 그것을 받아들이고 견디는 법을 배워야 한다.

마틴 셀리그만은 『마틴 셀리그만의 플로리시』에서 극도의 불안 상황에서 냉정함을 유지해야 하는 전투기 조종사를 예로 든다. 교관은 조종사가 심한 스트레스 속에서도 계속 전투기를 운전할 수 있도록 돕는다. 그러기 위해 조종사가 전투기를 몰고 지상으로 급강하해 위기를 겪게 한 다음 다시 기수를 세우는 훈련을 시킨다.

스트레스 받는 상황을 외면하려고 해봤자 소용없다. 예를 들어 불면증에 시달릴 때 '지금 잠들지 않는다면 내일 녹초가 될 거야'라고 걱정하면 할수록 더 잠이 달아난다. 이럴 때는 차라리 '내일은 피곤하겠군'이라고 생각하고 그 시간에 할 수 있는 일을 하는 편이 훨씬 낫다.

　그러므로 부정적 감정을 그대로 느껴라. 다만 그것이 오래 가지 않으리라는 사실만 믿으면 된다.

- 누구나 부정적 생각을 퍼뜨리는 내면의 목소리에 사로잡힐 수 있다. 이처럼 스스로 초래한 패배주의적 생각에서 벗어나기 위한 여러 해결책이 있다. 기분 전환하기, 상황을 다르게 해석하기, 내면의 목소리에 반박하기 등의 방법을 이용하자.
- 정말 힘든 상황에서도 긍정적 요소가 있기 마련이다. 힘든 순간의 긍정적인 면들을 찾아보라.
- 부정적 감정을 느끼는 것은 정상이다. 상황의 부정적인 면을 있는 그대로 받아들여야 비관주의의 나락에 빠지지 않고 잘 극복할 수 있다.

"나는 어떨 때 부정적인 생각에 빠져드는가?
부정적 생각에서 벗어나는 해결책은 무엇인가?"

3
낙관주의자 되기

이 책을 기획하면서 '모래알의 역설'을 떠올린 적이 있다. 모래 알갱이 하나는 기계를 고장 나게 하는 용도로밖에 못 쓰지만, 모래알을 잘 뭉쳐서 사용한다면 멋진 모래성을 지을 수 있다. 감정도 마찬가지다. 단 하나의 부정적 감정은 많은 실수를 저지르게 하지만, 긍정적 감정들로 충만하다면 강해지고 더욱 발전할 수 있다.

낙관주의자 되기가 생각만큼 어렵지 않다. 훈련을 통해 긍정적 감정들을 품고 키우고 공유하는 것으로 충분하다. 익숙하지 않을 때는 이러한 정신 훈련이 지겨울 수 있지만, 습관이 되면 무의식적으로 하게 될 것이다.

이번 장에서는 낙관주의를 습관화하는 훈련법을 제시한다. 쉬운 방법도 있고 어려운 방법도 있다. 당장 실행할 수 있는 것과 나중에 해야 할 것을 구분해보자. 이번 장을 통해 당신은 너그러운 낙관주의자가 될 것이다.

제7강
긍정적인 감정 품기

진정한 행복은 어떤 존재나 외적 대상이 아니라
오직 나 자신에게 달려 있다.

— 달라이 라마

개 요

- 호흡하라

- 자연을 곁에 두라

- 나만의 행복 원동력을 찾아보라

- 가장 중요한 것이 무엇인지 되물어라

- 긍정적인 마음을 가져라

호흡하라

감정 상태는 호흡에 영향을 미치고 호흡도 감정 상태에 영향을 미친다. 호흡을 잘 제어하면, 감정 상태와 몸에 좋은 효과를 일으킨다.

호흡은 보통 무의식적 행동이지만, 우리는 이 호흡을 여러 상황에서 의식적으로 하는 방법을 연구했다. 예를 들어 스트레스 상황, 즉 시험을 보거나 직업상 프레젠테이션 할 때, 심장이 빨리 뛰고 호흡이 가빠지는 것을 느껴봤을 것이다. 곁에 있던 누군가가 "긴장한 것 같아. 크게 한 번 숨을 들이쉬어요!"라고 권했을지도 모른다. 그것은 현명한 조언이다.

숨 고르기가 감정 조절에 좋다는 것은 의학적으로도 증명된 사실이다. 훈련을 통해 호흡을 자각하고 조절하면 심장 박동이 진정되고 뇌가 적극적으로 활동한다. 정신과 의사 다비드 세르방 슈레베르(David Servan-Schreiber) 박사가 '심장 일관성'이라 이름 붙인 이 현상은 그의 저서 『치유』에 잘 소개돼 있다. 5분 동안 호흡에 집중하면 자율신경계를 조절할 수 있는데, 이를 통해 스트레스가 줄어들고 마음이 가라앉는다. 규칙적으로 심장 일관성 훈련을 해보자. 특히 꼭 해야 하는 일 때문에 극도의 스트레스를 겪고 있다면 큰 도움이 될 것이다.

호흡 가다듬기

심장 일관성 훈련은 비교적 간단하다.

우선 한적한 장소에 편안하게 앉는다. 등을 똑바로 세우고 발을 바닥에 붙인 다음 몸에 붙는 옷이나 허리띠 등이 복부를 압박하지 않도록 느슨하게 푼다. 그런 다음 숨을 깊게 들이쉬고 내쉰다. 예를 들어 5초간 들이쉬고 5초간 내쉬기를 반복한다. 적어도 5분간, 하루에 3회 이상 실시하는 것이 좋다.

이 훈련을 한 달 정도 하고 나면 효과가 있을 것이다. 자, 더 이상 기다리지 말자. 삶을 기뻐하며 호흡하자!

 한 걸음 더 나아가기

인터넷을 통해 더 알아보기

심장 일관성 훈련에는 여러 방법이 있다. 인터넷을 이용해 좀 더 깊이 배워보자.

1) 심장 일관성 훈련 이론과 실행법:

www.coherenceinfo.com/pratiquer-la-coherence-cardiaque/respirotheque

www.coherence-cardiaque.com/pratiquer.html

2) 따라 할 수 있는 동영상 및 애플리케이션

www.youtube.com/watch?v=bM3mWlq4M8E

www.youtube.com/watch?v=StpBBksAl90

아이폰 애플리케이션: RespiRelax

현대사회는 끊임없이 스트레스를 유발한다. 눈부신 실내조명, 소음, 넘치는 정보, 현란한 시각적 자극 등 다양한 스트레스 요인이 있다.

사람들이 가득 찬 지하철에서 서 있을 때보다 아름다운 풍경을 바라볼 때 더 안정감을 느끼듯, 우리는 자연에서 머물 때 더 편안함을 느낀다.

바다, 산, 시골처럼 인생의 근원적 가치를 고민할 수 있는 곳으로 휴가를 떠나보자. 그럴 수 없다면 공원 산책하기 등 일상생활에서 자연을 곁으로 끌어들이자.

여러 연구에 따르면, 자연에서 15분 산책하는 사람이 도심에서 산책하는 사람보다 더 많은 기쁨을 느낀다고 한다. 자연에서는 문제 해결 의지도 강해진다. 자연이 마음을 차분히 만들며 낮은 자세로 성찰하게 하기 때문이다.

자연을 재발견하라

집에서 적당한 거리에 위치한 녹색 공간을 찾는다. 숲, 강변 또는 큰 공원도 좋다. 규칙적으로 그곳을 산책한다. 적어도 일주일에 한 번은 해야 한다. 매주 일요일에 산보 삼아 한다는 식으로 스스로와 약속하고, 혼자 또는 여럿이 함께 걷거나 자전거를 타보자.

자신의 모든 감각을 연다고 생각하고 나무 향기를 들이마시고 새 소리를 들으며 온갖 초록의 세계를 경험하자. 요컨대 자연을 음미하고 만끽하라!

스마트폰을 멀리하라
스마트폰에 매여 있으면 자연을 제대로 느낄 수 없다. 진정으로 마음을 해독하고 싶은가? 그렇다면 다음 산책 때는 스마트폰을 집에 두고 나가자.

나만의 행복 원동력을 찾아보라

영화배우 콜루슈는 "돈은 가난한 사람을 행복하게 만들지 못한다"라고 말했다. 깊게 공감이 가는 이야기다. 게다가 돈은 부유한 사람조차 행복하게 만들지 못한다.

사랑, 성공, 돈만으로는 지속적인 행복을 누릴 수 없다. 우리는 보통 무엇을 성취하더라도 쾌락 적응 현상을 겪으며 그 행복감이 서서히 떨어져 간다. 또한 때로는 자신에게 없는 것을 갖고 싶어 하며 과도한 경쟁을 벌이다가 욕구불만이나 좌절을 겪기도 한다.

계속 행복하려면 내 안에 긍정적 감정을 일으키는 요소가 많아야 한다. 주위 사람들과 사회의 강요에 따르지 말고 나만의 방식대로 나의 행복 요소를 찾아보자.

행복해지려면 심리적 욕구가 세심하게 충족돼야 한다. 그런데 이런 욕구는 모든 사람이 다 똑같지 않을뿐더러, 살면서 바뀔 수도 있다. 항상 내면의 목소리에 귀 기울여야만 진정으로 행복해질 수 있는 것이다.

즐거움, 뛰어난 업무 능력, 모험, 고독 등 당신의 욕구와 그것을 채울 수 있는 방법을 스스로 찾아보라. 예를 들어 직장에서 인정받고 싶은데 상사의 칭찬을 들은 적이 없다면, 동료에게 조언을 구하라. 혼자 있고 싶은데 다른 사람들과 함께 일해야 하는 상황이라면, 점심시간을 이용해 혼자 있는 시간을 만들자 (동료에게 혼자 있고 싶은 이유를 설명할 필요는 없다).

심리적 욕구를 실현하라

기본적인 심리적 욕구를 찾았다면 그 욕구를 충족시키는 활동을 목록으로 작성하자. 집에 일찍 들어가 아이들과 놀기, 운동하기, 블로그 운영하며 생각 표현하기, 집 꾸미기, 사람들 만나기, 정원 가꾸기, 영화 보러 가기, 음악 감상하기, 계약 성사시키기, 가구 제작하기, 주말에 바닷가로 떠나기, 훌륭한 자기계발서 읽기(브라보, 당신이 지금 하고 있는 거다!) 등이 있을 것이다. 아래에 적어보자.

내 욕구를 충족시켜주는 활동

위와 같은 활동을 할 때마다 그 순간을 만끽하고 그때 받은 인상을 마음에 담아두라. 스마트폰을 들이대고 사진으로 남기기보다 좀 더 상세하게 그 순간의 특성(이미지, 향기, 소리 등), 느낌(행복감, 두려움 등), 감정(기쁨, 평온, 흥분 등)을 기억에 새겨두자.

긍정적 감정 노트를 만들어보라

'원인이 같으면 결과도 같다'라는 말이 있다. 긍정적인 감정을 얻고 싶을 때 과거의 긍정적 감정을 회상하는 일이 도움이 된다.

당신을 기쁘게 했던 일들을 모아 긍정적 감정 노트를 만들어보자. 기념사진, 책에서 발견한 인상적인 문구, 이미지, 아이들의 그림, 공연 티켓, 편지 등을 모을 수 있다. 마음이 나약해질 때 이 노트를 훑어본다면 이내 기분이 좋아질 것이다.

가장 중요한 것이 무엇인지 되물어라

'동료들을 밀어내고 정상에 도달하기' 따위의 책보다 이 책을 읽는 데 시간을 할애하고 있는 당신이라면 아마 일할 때 결과보다 과정을 더 중요하게 여기는 사람일 것이다.

하지만 사람마다 일에서 가장 중요하게 생각하는 것이 다르다. 돈 많이 벌기, 책임감 갖기, 가족과 시간 보내기, 동료들과 유대감 느끼기 등 각자의 목표가 있을 것이다. 물론 이런 목표는 장기적인 것이 아니라 삶의 순간마다 선택적으로 추구하는 단기 목표일 수도 있다.

일을 통해 이루고 싶은 궁극적인 목표를 설정하는 일은 쉽지 않다. 사회적 중압감, 부모의 투사, 배우자의 소망, 스스로의 소명 같은 수많은 요인이 관여하기 때문이다. 또한 궁극의 목표가 있다고 하더라도 본래 꿈이란 끊임없이 수정해나가는 것이다. 그러므로 이전에 설정한 목표에 도달할 수 없다는 것을 깨닫거나 일에서 실패했을 때 그에 대처하는 방식이 중요하다. 수정된 목표를 향해 나아갈 토대가 되기 때문이다. 당신은 아래 중 어느 쪽에 속하는가?

- 이루지 못한 꿈을 곱씹는다. 그러느라 무엇을 하든 즐거움을 느끼지 못한다.
- 가장 중요한 일이 무엇인지 되묻고 목표를 수정한다. 만약 컴퓨터를 잘 다룬다면 업무에서 컴퓨터 능력을 발휘하겠다고 꿈꿀 수 있다. 해박한 지식이나 뜨거운 열정을 가지고 있다면 다른 사람과 공유하며 기쁨을 누릴 수도 있다.

낙관적이고 너그러운 상태로 머물기 위해서는 늘 변화하는 당신만의 목표에 집중하는 것이 바람직하다.

일과 관련된 욕구를 충족시켜라
일에서 당신이 가장 중요하게 여기는 것은 무엇인가? 다음 질문에 답해보자.

- 일할 때 내가 가장 중요하게 여기는 것은?(판별 단계)
- 그것이 왜 중요한가?(잠재된 욕구 확인 단계)

일에 있어서 내게 가장 중요한 것	나의 잠재된 욕구

당신의 욕구를 나열하고 옆 칸을 채워라.

욕구	나의 일이 내 욕구에 부합한다		
	완전히 그렇다	부분적으로 그렇다	전혀 아니다

　'완전히 그렇다'를 가장 많이 선택했다면, 현재 당신은 일에 만족하고 능력을 제대로 발휘하고 있다. 다만 쾌락 적응 현상으로 인해 즐거움이 줄어들지 않도록 주의하자(이 책을 읽고 있는

한 걱정할 것 없다).

다른 항목을 더 많이 선택했다면 아래 중 어디에 해당하는
지 살펴보고 적용해보자.

- 직장이 전반적으로 마음에 든다: 직장에서 욕구를 더 충
  분히 충족시킬 만한 행동 수단을 찾는다. 다소 시간이 걸
  리더라도 찾아내야 한다.
- 직장이 대체로 마음에 들지만 한 가지 또는 그 이상 욕구
  에 부합하지 않은 요소가 있다: 욕구를 다르게 만족시켜
  줄 대안을 찾는다(예를 들어, 일과 병행해 책 쓰기). 대안을
  실행함으로써 일에서도 충분한 만족감을 얻을 수 있다.
- 기본 욕구와 대척점에 있을 정도로 직장이 전혀 마음에
  들지 않는다: 새로운 직장을 구할 필요가 있다. 다른 직장
  에 들어갈 계획을 세우면서 제7강 내용을 살펴보자. 이상
  적이기보다 현실적인 비전을 가지도록 애쓰고, 위기 상황
  을 염두에 두라.

 한 걸음 더 나아가기

사회적 비교라는 함정을 피하라
『무엇이 진정 우리를 행복하게 만들까?』에서 소냐 류보머스키

는 사회적 비교에 민감한 사람들은 다른 사람들보다 덜 행복해
한다고 말한다. 현재 직위에서 얻은 이득을 평가할 때, 승진한
친구들의 직위와 비교하기보다 과거 자신의 직위와 비교하는
편이 더 적합하다. 다른 사람의 성공을 부러워하기보다 자신이
가장 중요하게 여기는 것에 집중해 자신만의 길을 가라.

긍정적인 마음을 가져라

신경과학자 마르셀 킨즈본(Marcel Kinsbourne)이 증명한 것
처럼 인간의 뇌는 자신이 예측한 대로 따라가는 경향이 있다.

어떤 실험에서 일곱 군데 호텔에서 일하고 있는 직원들을
각각 통제 집단과 실험 집단으로 나누었다. 연구팀은 실험 집단
에 속한 사람들에게 하루 동안 소모한 열량이 많을수록 심장이
튼튼해진다고 설명했다. 실험 후 실험 집단에서 놀라운 결과가
나타났다. 체중이 줄어들고 콜레스테롤 수치가 낮아진 것이다.

이처럼 인간의 마음가짐은 살아가는 방식에 영향을 미칠 뿐
만 아니라 삶에 직접적인 변화를 이끌어낸다. 일의 만족도는 일
의 특성에 달려 있지 않다. 무엇보다 상황을 받아들이는 방식에
달려 있다. 시인 샤를 페기의 우화는 마음가짐에 따라 하는 일
의 가치가 달라질 수 있음을 보여준다.

샤르트르에 도착한 페기는 길가에서 한 남자가 망치로 바위를 세차게 깨뜨리는 것을 보았다. 그 남자의 몸짓에는 심한 분노가 배어 있었고 안색은 어두웠다. 놀란 페기는 멈춰 서서 물었다.

"선생, 무슨 일을 하고 계십니까?"

그는 "보면 모르오? 바위를 깨뜨리고 있소이다"라고 대답했다. 딱하고 가련해 보이는 남자는 신랄한 어조로 덧붙였다. "등은 쑤시는 데다 목마르고 배고파 죽겠소. 그렇지만 고통스럽고 어리석은 이 짓밖에 할 일이 없군요."

길을 좀 더 가다가 페기는 역시 바위를 깨뜨리고 있는 또 다른 남자를 보았다. 그 남자의 태도는 조금 달랐다. 얼굴은 차분해 보였고 몸짓도 이전 남자보다 균형 잡혀 있었다.

"선생, 무슨 일을 하고 계십니까?" 페기가 물었다.

"저는 돌 깨는 일꾼입니다. 아시다시피 힘든 일이지요. 그렇지만 이 일로 아내와 아이들을 먹여 살리고 있습니다."

숨을 들이쉰 다음 그 남자는 가볍게 미소 지으면서 덧붙였다. "그렇지만 땡볕에서 일하려니까 힘듭니다. 물론 제가 하는 일보다 더 힘든 일도 많겠지요."

페기는 길을 더 가다가 세 번째 돌 깨는 일꾼을 만났다. 그 남자의 태도는 완전히 달랐다. 그는 함박웃음을 짓고 열정적으로 바위 더미를 내려치고 있었다. 그 모습이 보기 좋았다.

"무슨 일을 하고 계십니까?" 페기가 물었다.

그 남자가 대답했다. "저요? 대성당을 짓고 있지요."

우리는 자신의 일에 관해 어떤 마음을 지녀야 할까? 무엇보다 완벽한 일이란 존재하지 않는다는 사실을 먼저 인정해야 한다. 꿈꾸는 일이 존재하더라도 그것을 이루려면 어려운 점이 한둘이 아닐 것이다.

직장생활이 불만족스러운가? 그렇다면 정면으로 돌파하라. 새로운 일을 구해야 할 때일지도 모른다. 그럴 용기가 없다면 아래의 마음가짐 훈련을 해보자.

일을 바라보는 관점을 바꿔라

직접 자신의 후임자를 모집한다고 상상해보라. 당신은 후임자가 해야 할 업무, 회사 분위기, 발전 전망, 직무 환경, 보수, 동료, 업무 방향 등에 대해 말할 것이고, 이를 통해 새삼 자신의 일의 가치를 발견할 수 있다.

어떤 일이든 모든 면이 기대에 부합하기란 어렵다. 많은 부분이 마음에 들지 않더라도 개중에는 분명한 장점이 있기 마련이다. 예를 들어 현재 직장이 보수는 조금 적더라도 노동시간이 탄력적일 수 있다.

지금 하고 있는 일의 장점을 떠올려보고 목록을 작성해보자.

내 일의 장점
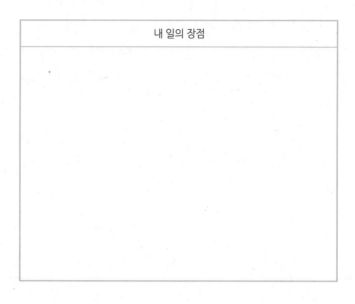

감성적으로 접근하라

이번에는 감성적으로 접근해보자. 당장 일을 그만둔다고 생각했을 때, 이 직장의 무엇이 그리워질까? 자신의 송별회를 상상해보자. 새로운 삶을 향해 떠날 때는 늘 감정의 파도에 휩싸이기 마련이다. 또한 아무리 힘들었던 일에도 좋은 기억은 있는 법이다. 일하면서 마음을 나눈 특별한 동료는 없었는가? 일의 스트레스 요인을 제외한다면 직장에 대해 어떤 감정이 남아 있는지 살펴보자. 직장생활을 되돌아보고 당신을 아껴준 사람들에게 하고 싶은 말을 상상해보자. 어떤 감정이 싹트는가?

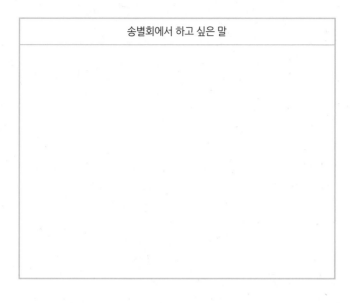

송별회에서 하고 싶은 말

만약 당신이 경영자라면 직원들에게 비전을 제시해야 한다. 직원들이 회사, 부서, 고객, 사회에 기여하는 바를 부각해 자신의 일을 자랑스럽게 여기도록 만들자. 그렇게 하면 직원들은 자신을 공동체의 유능한 일원이라 생각할 테고 좀 더 적극적인 태도로 일할 것이다.

- 낙관주의를 키우려면 규칙적으로 마음 훈련을 해야 한다. 우선 긍정적 감정을 품는 훈련부터 시작하라.
- 호흡을 조절하면 감정을 관리하는 데 도움이 된다. 매일 3회, 5분 동안 심장 일관성 훈련을 해라.
- 긍정적 감정을 잘 느끼기 위해서 자연을 곁에 두라. 자연 속에서 오감에 집중하면서 근원적 가치를 되찾아라. 가능하다면 스마트폰은 두고 나가라.
- 긍정적 감정을 품기 위해서 그것을 촉진하는 요소를 찾아보고 목록을 작성하라. 긍정적 감정 노트를 만들어보자.
- 일과 관련하여 당신이 가장 중요하게 여기는 것이 무엇인지 규칙적으로 되물어라. 타인의 성취와 나의 성취를 비교하지 말라. 나 자신의 과거와 지금의 성취를 비교해보라.

제8강

긍정적인 감정 키우기

수확량이 아니라 당신이 뿌린 씨앗으로
그날 하루를 평가하라.

− 로버트 루이스 스티븐슨

개 요

- 현재 순간을 누려라

- 자아상을 지지하라

- 매일 좋았던 일 세 가지를 떠올려보라

- 계획을 세워라

현재 순간을 누려라

육체적 고통이나 굴욕을 겪을 때와 같은 특수한 상황을 제외하고서 살아 있는 것 자체가 불쾌하다고 느끼는 경우는 드물다. 갑자기 정신적 고통이 찾아온다면 대체로 그것은 현재보다 다른 시점에 집중하기 때문이다. 과거의 고통스러운 기억을 떠올리거나, 미래에 나쁜 일이 일어날 거라고 미리 걱정할 때 정신적 고통이 찾아온다.

현재가 아닌 때를 생각하느라 지금 불행해서는 안 된다. '지금 이 순간을 누려라'라는 격언은 이미 일어났거나 일어날 일에 집중하기보다 현재를 마음껏 즐기라는 뜻이다.

일반적으로 일요일 저녁에 우울감을 느끼는 것도 비슷한 이유에서다. 월요일이 오는 게 싫을 만큼 즐거운 주말을 보냈기 때문이다. 울적한 그 순간, 실제로는 행복한 일을 하고 있을 가능성이 높다(아마도 당신은 맛있는 음식을 먹고 있거나 영화를 보거나 포근한 침대에 누워 있을 것이다).

현재 순간에 집중하라

우리는 앞서 부정적 감정에 거리를 두는 법을 배웠다(기분전환, 내면의 목소리에 반박하기, 상황을 다르게 해석하기 등). 이런 방법을 다 해봤는데도 부정적 감정에 휩싸인다면 우선 오감을 깨운 뒤 지금 이 순간의 느낌에 집중하라. 현재 순간만이 실제로 존재한다는 것을 잊지 말자.

물론 항상 현재에 머물 수 있는 기적 같은 방법은 없다. 다만 과거나 미래로 도피하려는 자신을 자각하는 것만으로도 현재 순간에 충실할 수 있다.

 한 걸음 더 나아가기

마음 챙김 명상

마음 챙김(Mindfulness) 명상[17]은 온전히 현재 순간에 머무는 것을 전제로 한다. 마음 챙김 명상의 방법으로는 호흡 의식화하기, 몸의 느낌을 마음속으로 스캔하기(나는 어떤 위치에 있나? 팔·다리에서 무엇이 느껴지나? 나는 무엇에 의지하고 있나? 어떤 향기, 어떤 소리, 어떤 빛이 에워싸고 있나?)가 있다.

명상의 기초를 배우기 위해 명상 전문가인 크리스토프 앙드레(Christophe André)의 방법을 따라 해보자. 그의 저서 『앙드레 씨의 마음 미술관』, 『나와 마주앉기』 또는 스마트폰 앱 '크리스토프 앙드레와 함께 하는 명상(Meditations avec Christophe André)'에서 도움을 얻을 수 있다.

17 | 불교의 수행법에서 기원한 명상법으로
주관을 개입시키지 않고 대상을 있는 그대로 관찰하는 것.

항상 자신에 대해 긍정적으로 생각하는 사람이라면 곧바로 그다음 훈련을 실행해도 된다. 안타깝게도 자신을 별로 좋아하지 않는다면 다른 사람들이 긍정적 이미지를 만들어줄 것을 기대할 게 아니라 스스로 자신의 좋은 점을 발견해보자.

어쩌면 자신의 특징 중 어떤 것이 장점이거나 단점인지 모를 수도 있다. 그럴 때는 특징을 두 가지로 나눠 질문하라. 예를 들어 정리하고 계획하는 습관을 두고 "나는 지나치게 까다로운 사람인가? 아니면 그냥 꼼꼼하고 체계적인 사람인가?"라고 물을 수 있다.

일반적으로 자신에 대한 호감도는 성격, 교육과정, 생활환경, 현재 상황에 따라 좌우된다. 그러나 호감을 키우는 것은 스스로의 몫이다.

장점을 발휘하는 법을 익혀라

내가 생각하는 장점과 장점을 발휘할 수 있었던 상황을 구체적으로 기록해보라.

나의 장점	장점을 발휘했던 상황

　다음으로 현재 당신의 단점이라고 여기는 것들을 기록하고 아래 질문에 답해보자.

　• 단점에 대처하거나 잘 받아들이기 위해 무엇을 할 수 있을까?

　• 단점을 장점화해서 표현한다면 나의 잠재된 장점은 무엇일까?

　저자의 경우를 들어 위 항목에 관한 예시를 제시해보면 다음과 같다.

• 우리의 공통적인 단점은 수다스럽다는 것이다. 이 단점에 대처하기 위해 매일 시도하는 것은 단점을 지적받을 때 화내지 않기, 다른 사람들 특히 내향적인 사람에게 말할 시간을 충분히 주기, 기회가 있을 때마다 적극적으로 들을 자세 취하기 등이다. 또 단점을 받아들이는 차원에서 쓸데없는 말을 하지 않았는지 되짚어보는데, 우리도 모르게 그럴 때가 많다는 것을 깨닫는다.

• 우리의 잠재된 장점은 뛰어난 사교성과 익살스러움이다.

나의 단점	단점을 보완하기 위해 대처하는 방법 / 잠재된 장점

한 걸음 더 나아가기

스스로 칭찬하기

업무나 (아무리 사소한 것이라도) 하기 싫은 일을 끝낸 후 만족감을 느낀다면 그냥 지나치지 말자. 이때 지나치다는 생각이 들 정도로 자신을 축하하라.

예를 들어 몇 주 전부터 우편물이 거실 탁자 위에 널브러져 있다고 치자. 오늘 아침 드디어 우편물을 정리했다. 그 순간 뿌듯함이 느껴지지 않겠는가? 당신은 스스로를 자랑스럽게 생각해도 된다. 이때 드는 느낌을 말이나 글로 표현해보자.

또 다른 예로, 작성해야 하는 서류를 막 마무리했고 만족스럽게 작성했다고 치자. 그것을 메일로 곧바로 전송하기보다 천천히 자기만족을 표현하는 시간을 가져라. 그 만족감을 긍정적인 다른 사람과 공유해도 좋다.

매일 좋았던 일 세 가지를 떠올려보라[18]

우리 뇌는 본래 걱정거리를 반복적으로 생각하는 경향이 있다. 하지만 쾌락 적응 현상으로 인해 일상의 소소한 즐거움은 반복적으로 떠올리며 기뻐하지 않는다.

---

18 많은 심리학자들이 주장하는 내용으로 마틴 셀리그만의
『마틴 셀리그만의 플로리시』에서도 소개하고 있다.

오늘 아침 당신은 걸어서 출근했다. 자동차 한 대가 다가왔는데, 매너 있는 운전자가 차를 멈춘 채 당신이 먼저 지나가도록 배려했다. 당신은 운전자에게 감사의 인사를 전했다. 한두 시간이 지난 후, 당신은 여전히 이 장면을 떠올리며 감동적이라고 생각할까? 아니면 이미 잊어버리고 말았을까?

출근 장면으로 되돌아가보자. 이번에는 자동차가 돌진하더니 운전자가 당신을 보지 못해 하마터면 치일 뻔했고, 마치 당신 탓이라는 듯 운전자가 기분 나쁜 손짓을 보냈다고 하자. 이때 당신이 느낀 감정(분노, 비참함, 불안 등)은 적어도 몇 시간 동안 마음속에 생생히 남아 있을 가능성이 크다.

우리 뇌는 본래 부정적 감정을 더 많이(그리고 오래) 기억한다. 그러나 분명 개선할 방법이 있다.

하루를 개선하라

하루에 1분만 투자하면 우리의 뇌가 좋은 일을 더 오래 기억하도록 만들 수 있다. 방법은 간단하다. 매일 저녁에 그날 일어난 좋았던 일을 세 가지 떠올려보는 것이다. 즐거운 하루를 보냈다면 아주 쉽게 할 수 있다. 이 훈련이 고무적인 것은, 비록 우울한 날이었다고 하더라도 긍정적인 사건 세 가지 정도는 찾을 수 있다는 점이다. 사랑하는 사람과의 포옹, 맛있는 식사, 박

장대소한 순간, 재미있는 TV 드라마 등 떠올릴 만한 것은 무궁무진하다.

만약 자녀가 있다면 저녁식사 때 아이들과 함께 이 훈련을 하라. 훈련을 통해 사소한 걱정을 상대화하고 긍정적 감정을 키우게 되며, 당신도 아이들의 답변에서 영감을 얻을 수 있다. 실제로 아이들은 사소한 일에서 즐거움을 느끼는 데 탁월한 재능이 있고, 우리에게 많은 것을 가르쳐준다.

만약 잠을 잘 이루지 못한다면, 침대에 누워서 그날 좋았던 일 세 가지를 떠올려보자. 이 훈련을 하면 긍정적 감정에 집중하게 되므로 온종일 지니고 있던 긴장을 완화할 수 있다. 즉각적으로 마음이 즐거워지며, 긍정적 감정들을 잘 찾아내고 발달시키는 연습이 된다. 이를 통해 근본적인 변화가 일어나 당신은 점차 더 낙관적이고 행복한 사람이 될 것이다.

한 걸음 더 나아가기

원인을 분석하라
하루에 1분을 더 써서 다음과 같이 자문해보자. 이를 통해 '좋았던 일 세 가지 떠올리기' 훈련의 효과를 더 높일 수 있다. "그런 좋은 일이 나에게 일어난 이유는 무엇인가?", "그 일이 또 일어나게 하려면 어떻게 해야 할까?" 떠올린 것을 일기로 쓰는 습관을 들이고, 기분이 안 좋을 때마다 읽어보라.

계획은 우리에게 그것을 해야 할 이유, 능률 향상, 즐거움, 긍정적인 태도, 사회적 교류를 통해 새로운 것을 배울 기회 등을 제공한다. 계획대로 했을 때 좋은 성과를 얻을 수 있고 많은 기쁨을 느끼게 되므로, 계획하기는 긍정적 감정을 만들어내는 효과적인 방법인 셈이다.

이 책을 쓴 과정을 예로 들어보자. 우리는 각 장을 차곡히 쌓아갈 계획을 세웠고, 글을 써나갈 때마다 뿌듯함을 느꼈다. 또 한 장씩 완성해갈수록 낙관주의에 관한 역량과 지식을 보강할 수 있었고, 저자끼리는 물론이고 지인들과 함께 책에 대해 많은 이야기를 나누었다.

책을 쓰는 동안 그 결과(어떻게 편집되고 읽히고 평가받을까?)를 예상할 수 없었지만, 결승점을 목표로 하기보다 각 단계에서 느낄 수 있는 구체적인 즐거움을 누리는 데 집중했다. 이처럼 어떤 결과를 위한 계획이자 단계에는 그것 고유의 즐거움이 존재한다.

시작하라!

취미를 직업으로 삼고 싶다고 꿈꾼 적이 있는가? 그림을 그리고 전시회를 열고 싶은가? 시골집을 수리하고 싶은가? 베란

다를 정리하거나 거실 인테리어를 바꾸고 싶은가? 스페인어를 배우고 싶은가? 그렇다면 기다리지 말고 지금 시작하라!

말로 하는 건 쉽다고 생각하고 웃고 말 사람도 있을 것이고, 넘을 수 없는 장벽이 있다고 생각해 꿈을 단념하는 사람도 있을 것이다. 그렇다면 정신적 장애물을 다룬 제6강을 다시 읽어보고, 한 걸음 내딛기를 방해하는 쓸데없는 생각을 찾아내라.

즐거움을 누리려면 두려움을 명확하게 파악하고 과감히 맞설 줄 알아야 한다. 야심 찬 최종 목표에만 집중하지 말고, 중간중간 작은 성과들을 이뤄나가는 방식을 선택하라. 좀 더 진득하게 밀고 나아갈 힘이 생길 것이다.

3주 안에 다국적기업을 세운다거나, 단기간에 어느 작가의 작품을 전부 다 읽겠다든가 하는 무리수를 두지 말자. 자신감은 작은 성공들이 축적돼 형성된다는 사실을 기억하라. 그러므로 작은 성공을 축하할 줄 아는 자세가 특히 중요하다. 다른 단계로 넘어가기 전에 지금껏 해낸 것을 칭찬하는(혼자 또는 좋은 친구들과 함께) 시간을 꼭 가져라.

무엇보다 꿈을 위해 계획 세우는 일에 주저하지 말자. 이렇게 자문해보는 건 어떨까? "1년 안에 나에게 어떤 놀라운 일이 일어날 수 있을까? 5년 안에는? 10년 안에는?" 되도록 기록하면서 질문에 답하자(기록을 하면 다음에 같은 질문을 했을 때 욕구의 변화를 파악할 수 있다. 오늘의 욕구가 반드시 내일의 욕구라는 법은 없다).

단기적으로 실현 가능한 것으로 계획을 한정 짓지 말자. 스스로 꿈꾸기를 허용하라. 꿈을 실현하기 위해 오늘부터 실행할 작은 일들을 쉽게 찾아낼 수 있을 것이다.

생텍쥐페리의 글을 인용하면서 제8강을 끝내려 한다.

"당신의 삶을 꿈으로 만들고, 꿈을 현실로 만들라."

- 거리를 두고 오감에 집중하면서 부정적인 생각을 없애고, 현재 순간을 즐겨라. 지금 여기에 살아 있는 생생한 느낌을 원한다면, 마음속에 기생하는 나쁜 생각들을 자각하는 것만으로도 충분하다. 당신에게 권하는 마음 챙김 명상은 이 원리를 기초로 하고 있다.

- 당신의 장점을 찾아내어 자아상을 지지하라. 단점을 생각해보고 받아들여라. 단점은 곧 잠재적 장점일 수 있다는 생각으로, 단점을 장점화하는 데 도움이 될 만한 대응 행동을 기록해두자.

- 뇌를 재프로그래밍해 긍정적 감정들을 키울 능력을 향상해라. 매일 그날 좋았던 일 세 가지를 떠올리는 훈련이 큰 도움이 된다.

- 무슨 일이든 계획을 세우고 시작하라. 계획을 추진해나가는 과정은 성과보다 더 중요하다. 그 과정을 통해 사람들과 어울리고, 긍정적 감정들이 어떻게 생기는지 배울 수 있기 때문이다. 현실적인 중간 목표들을 정하고, 당신이 이룬 작은 성공을 축하하라.

제9강

긍정적인 감정 나누고 퍼뜨리기

자기감정만 느낄 줄 안다면
삶은 우울해질 수밖에 없다.

– 앙드레 지드

개 요

- 미소를 간직하라

- 유머를 발휘하라

- 의지할 수 있는 사람을 곁에 두라

- 감사한 마음을 품고 표현하라

- 의식적으로 선행을 베풀어라

- 너그러운 마음으로 소통하라

- 낙관주의를 유지하고 북돋아라

- 자신의 몫을 하라

미소를 간직하라

언어와 몸자세는 그 사람의 마음 상태, 외부에서 인식하는 그 사람의 이미지, 다른 사람들의 반응에 영향을 준다. 너그러운 낙관주의라는 긍정적 자세를 취한다면 그 모든 것에 좋은 영향을 줄 수 있다.

예를 들어 얼굴을 들고 대화 상대의 눈을 똑바로 바라보라. 무엇보다 미소를 간직하라. 실제로 미소와 경쾌한 웃음은 아주 쉽게 전염된다. 못 믿겠다면 인터넷에서 '미소'를 검색해보기만 해도 알 수 있다. 누군가가 미소 짓는 이미지를 보면 당신도 미소 짓게 된다. '아이의 미소'로 다시 검색한다면 더 확실하게 깨달을 수 있다.

미소 짓기 연습

자연스럽게 미소 짓기가 힘들다면 연습을 하자. 매일 여러 번 의식적으로 다른 사람들을 만날 때 미소 짓는다. 인사를 주고받는 동료, 물건을 파는 상인, 안내를 받으려고 기다리는 손님, 엘리베이터에서 마주친 사람, 쇼핑센터 안내원, 지하철에서 좌석을 양보한 청소년 등 일상에서 만나는 사람들에게 미소를 건네자. 자연스럽지 못하고 과장된 것 같다고 걱정할 필요는 없다. 미소가 잘못된 경우는 결코 없다.

시선이 마주친 사람들에게 특별한 이유 없이 자연스럽게 미소 짓는다면, 미소 짓기의 긍정적 효과가 모두에게 퍼져나갈 것이다. 미소에 응답하지 않는 사람은 거의 없다.

슈퍼맨처럼 당당하게

많은 사람들 앞에서 말하는 것에 스트레스를 받는 편인가? 1분 동안 '슈퍼맨 자세'를 취해보라. 똑바로 선 상태에서 다리를 골반 폭 정도로 벌린 후, 가슴을 앞으로 내밀고 양손을 허리에 댄 다음, 턱을 올려세운다. 의도적으로 이 자세를 취해 호르몬 분비를 유도하라. 테스토스테론이 많이 생산되고 코르티솔이 감소할 것이다(코르티솔은 스트레스를 유발한다). 그 결과 두려운 느낌이 사라지고 자신감이 커진다. 특히 말할 때 미소 짓는 것을 잊지 말자.

유머를 발휘하라

유머는 인간관계를 돈독히 해주는 강력한 도구다. 유머를 통해 합의를 이끌어내고 사회적 유대감을 형성할 수 있으며, 공동체를 수월하게 통합하고 협동심도 키울 수 있다. 게다가 긴장을 덜어주고 난관을 만났을 때 객관적인 시선을 갖게 하며, 난처한 상황에서 벗어나게 해준다.

유머는 단지 농담을 주고받는 정도가 아니라 상황을 다른 관점으로 볼 줄 아는 능력을 말한다. 넉넉한 너그러움과 풍부한 공감 능력을 갖추고 있으면, 일을 그르치거나 누군가의 마음을 상하게 할 일이 없다. 너그러움이 부족한 사람은 조롱과 빈정거림을 일삼고 냉소주의에 쉽게 빠진다.

운 좋게도 임기응변이 탁월하고 때마침 적절한 기회가 생겼다면(농담할 기회가 항상 있는 것은 아니다) 가족, 친구, 동료, 우연히 만난 사람들에게 유머를 발휘해보라.

아니면 최소한 기꺼운 마음으로 웃으면서 유머를 발휘하는 사람들에게 힘을 실어주도록 하자.

내 안에 잠자고 있는 개그맨을 깨워라

'기업은 엄숙한 사회다. 그 속에서 유머를 발휘했다간 자칫 신용을 잃을 위험이 있다'와 같은 선입견에 사로잡혀 있다면 힘겨운 삶을 살 수밖에 없다. 당신의 직업이 무엇이든 간에 유머가 효과적이고 적절한 수단이 될 만한 상황은 있게 마련이다. 그런 상황들을 찾아보고 한번쯤 유머를 발휘해보자.

유머가 도움이 되는 몇 가지 상황을 소개한다.

- 사람들 앞에서 발언할 때: 관심을 끌어내어 강한 인상을 남길 수 있다.

- 의견 충돌이 있을 때: 자신의 견해를 말할 때 긴장하지 않는다. 의견 충돌을 심각하게 여기지 않고 감정에 휘둘리지 않는다.
- 팀 모임에서: 팀의 연대성을 키우고 결속할 수 있다. 긍정적 태도를 보이며 동기 부여를 하게 된다.
- 창의성을 발휘하고 싶을 때: 긴장을 풀고 새로운 아이디어를 떠올릴 수 있다. 상상력이 풍부해지고 정형화된 생각의 틀에서 벗어난다.
- 관계 회복 시: 다시 화합의 분위기를 만들 수 있다.

 한 걸음 더 나아가기

자기 비판하기
자기 비판하기는 스스로 과소평가하지 않으면서 불리한 상황을 받아들이는 방식이다. 자기가 범한 오류를 비웃고 나면 그 오류가 큰 문제가 아니었음을 깨닫게 돼 기분이 좋아진다. 이때 자신에게 너그러움을 베풀어라.

의지할 수 있는 사람을 곁에 두라

미국의 심리학자 에이브러햄 매슬로(Abraham H. Maslow)는 인본주의 심리학을 창설한 인물이다. 매슬로의 욕구 피라미드는 자신의 욕구 단계 이론(Hierarchy of Needs Theory)을 도식화한 것으로, 이에 따르면 모든 인간은 하위 단계 욕구를 충족시킨 다음 상위 단계 욕구를 원한다.

에이브러햄 매슬로의 욕구 피라미드

집단에 소속되고자 하는 욕구는 3단계에 있다. 소속 욕구는 인류 역사의 시작부터 존재해왔으며 자신을 보호하고 효과적으로 사냥하기 위해 필요했다.

한편 물질적으로 풍족한 오늘날이라면 사회적 관계를 최소화하더라도 문제없이 살아갈 수 있을 것이다. 하지만 동료들의 지지가 있어야만 스트레스와 시련에 잘 맞설 수 있다.

가까운 사람에게 심정을 토로하면 자신을 괴롭히는 감정으로부터 벗어날 수 있고(카타르시스 현상), 제3자의 시선으로 거리를 두고 상황을 바라볼 수 있다. 사람들과 함께하는 것의 좋은 점을 보여주는 짧은 예가 있다. 어느 모임에서 사람들이 언덕길을 오르게 되었는데 어떤 사람은 혼자서 올랐고 어떤 사람은 동료들과 함께 올랐다. 이때 (친한) 친구와 동행한 사람들은 혼자서 올라간 사람들보다 언덕이 더 완만하다고 평가했다. 함께하는 동료가 있다는 사실만으로도 상황을 긍정적으로 판단한 것이다.

의지할 수 있는 사람을 찾아라

그러므로 지지가 필요할 때 말을 건넬 수 있는 사람이 한 명 또는 그 이상 있어야 한다. '의지할 수 있는 사람'이란 성급한 판단이나 그저 그런 조언을 건네지 않는 사람, 귀 기울일 줄 아는 사람이다. 이런 사람이야말로 당신이 난관을 극복할 수 있도록 돕는다. 또 거리를 두고 상황을 객관적으로 바라보도록, 자기 비하에 빠지지 않도록 돕는다.

배우자나 연인, 부모, 친구, 형제, 사촌, 아이(당신 마음을 보듬어줄 수 있을 정도로 충분히 자란)가 그런 사람이 될 수 있다. 잠시 시간을 내어 당신이 의지할 수 있는 사람을 찾아보라. 그리고 당신 옆에서 이 역할을 충실히 해주는 사람에게 감사를 전하라.

저자인 우리 두 사람은 일 때문에 만났다. 여러 번 만남이 이어졌고 간단히 한잔하는 시간도 가졌다. 그러나 진짜 가까워진 것은 작은 시련들을 공유하게 되면서였다. 서류 작성에 어려움을 겪거나 과중한 업무로 피곤함에 지쳐 있을 때, 마음이 맞지 않는 동료에게 스트레스 받을 때, 그 괴로움을 서로 토로했다. 자잘한 걱정거리들을 공유하는 것만으로도 걱정을 덜게 되었고 다시금 내 일의 즐거움을 떠올려보게 되었다.

우리는 서로에게 의지할 수 있는 사람이 되었다는 사실을 깨달았고 함께 책을 쓰기로 했다. 누군가 "두 분은 진짜 좋은 친구네요"라는 말을 해주었는데, 그 말처럼 이런 흔치 않은 인연에 늘 감사한다.

감사한 마음을 품고 표현하라

『How to be happy』에서 소냐 류보머스키는 여러 실험연구를 인용하며 "감사한 마음을 표현하는 것은 행복에 도달하기 위한 대표적인 전략이다"라고 주장한다.

감사를 표현하면 긍정적인 경험을 잘 기억하게 되며, 그 경험의 영향력을 강화할 수 있고, 주위 사람들이 얼마나 소중한지 더 잘 인식하게 된다. 감사를 표현함으로써 표현한 쪽과 받은 쪽 둘 다 좋은 효과를 얻는다. 감사를 받은 사람은 자연스레 자신을 높게 평가하며, 앞으로 감사를 표현하는 사람이 된다.

감사는 상황이 좋게 흘러갈 때, 예를 들어 어떤 사람이 나를 도와줄 때, 좀 더 넓게는 자신이 운이 좋다고 인식할 때 품을 수 있는 감정이다. 감사하는 마음은 삶 자체를 비롯해 제공받은 많은 것에 만족할 줄 안다는 것이고, 감사를 표현할수록 주위 사람들도 감사를 표현할 줄 아는 사람이 된다. 너그러운 낙관주의자는 이 점을 잘 알고 있다!

감사하는 마음을 지니면, 사소한 것에 고마움을 느끼고 그간 당연하게 여겼던 것을 새롭게 보게 돼 쾌락 적응에 대항할 수 있다. 감사가 당신의 마음에 끼치는 긍정적인 효과를 느껴보자.

포근해서 고마워

힘들게 하루를 보낸 아네스는 잠들 때 침대가 너무나 포근해서 고맙다는 생각이 들었다.

감사는 사회적 유대를 돈독히 하는 데도 도움이 된다. 가족, 친구, 동료, 지인은 자신들이 쏟은 정성에 당신이 응답해준 것을 기쁘게 생각하고, 당신에게 감사해할 것이다. 이렇게 감사를 표현하는 사람 주위에는 긍정의 소용돌이가 일어난다.

걱정해줘서 고마워

토마는 이틀 전부터 열이 심하게 나서 꼼짝 못하고 침대에 누워 있었다. 한 동료가 몸 상태가 어떤지 문자로 물어보았고 고맙게 느껴졌다. 그 동료에게 감사하다는 답변을 보냈고, 이를 받아 본 동료는 매우 기뻐했다.

감사할 줄 아는 태도는 자존감을 높여준다. 주위 사람들이 자신을 위해 애썼다는 사실을 깨닫기 때문이다. 분명 당신이 그럴 만한 자격이 있기 때문에 신경 써주었을 것이다. 힘겨운 일이 생기더라도 긍정적인 태도를 취해보자. 주위 사람들이 당신을 도울 것이다.

칭찬해줘서 고마워

스테파니는 농구 경기에서 자유투에 성공하지 못해 코치에게 꾸중을 들었다. 기분이 안 좋았지만, 어느 동료가 스테파니에게 경기 내내 상대 선수가 득점을 많이 하지 못하도록 훌륭한 수비를 했다고 칭찬해주었고 고마움을 느꼈다.

마지막으로 감사는 부정적인 감정에 맞서는 힘을 길러준다. 자신을 존중하는 너그러운 낙관주의자는 부러움, 분노, 질투, 씁쓸함과 같은 부정적인 감정에 휩싸이지 않도록 감정 조절을 잘한다(물론 필요한 경우에는 그런 감정을 온전히 받아들인다).

도와줘서 고마워

쥘리앵은 남동생이 결혼하는 것을 보고 자신이 혼자라는 사실을 새삼 크게 느꼈다. 그것과는 별개로 남동생이 쥘리앵의 이사를 돕느라 토요일 하루 전체를 쓴 것을 고맙게 생각했다.

감사한 마음을 더 잘 느끼고 싶다면 간단한 방법이 있다. 먼저 고마운 것들을 나열해보자. 건강, 가족, 일, 물질적 안락함, 친구 등이 있을 것이다. 뒤이어 당신에게 의미 있었던 순간을 구체화해라. 성공적으로 끝난 파티, 동료들과 함께한 기분 좋은 점심식사, 마음을 사로잡은 책, 코미디 영화……

마지막으로 평소에 눈치채지 못했지만 일상을 가득 채운 사소한 고마움을 생각해보라. 오전에 들른 가게 종업원의 공손함, 맛있는 치즈 한 조각, 유쾌한 음악, 길 가다 마주친 행인의 미소……

이처럼 우리 삶에는 감사한 것들이 너무나 많다.

삶에 감사하라

다음 훈련을 일주일에 딱 한 번[19] 실행할 것을 권한다. 방법은 간단한데, 삶에 감사한 다섯 가지를 꼽아보는 것이다. 이때 다음번에 할 때는 다른 것을 꼽아야 한다(대개 명백하고 구체적인 것으로 시작해 개념적인 것으로 확장해나간다). 가족과 함께 이 훈련을 되풀이해도 좋은데, 각자 돌아가며 감사한 것 다섯 가지를 말한다. 모두가 이야기를 끝내면 다시 돌아가며 감사한 이유를 이야기한다.

무엇을 꼽든 간에 그와 관련된 사람들에게 감사 표현하는 것을 잊지 말라. 그저 간단히 감사하다고 말하기(이를테면, 지나가면서 하는 감사의 말. 당연히 아무것도 하지 않는 것보다는 낫다)보다 좀 더 특별한 방식으로 감사를 표현하라.

만약 누군가에게 충분히 감사 표현을 하지 않았다는 것을 나중에야 깨달았다면, 자신을 심하게 나무라지 말자. 격에 맞지 않는 감사 인사란 거의 없다. 어떤 식으로든 감사를 표현한다면 그것만으로도 상대방은 기뻐할 것이다.

 한 걸음 더 나아가기

마틴 셀리그만의 '감사의 방문' 실천하기
한 사람을 선택해 감사의 편지를 쓴다. 그 사람이 당신을 위해

해준 일과 그것이 당신 삶에 어떤 영향을 미쳤는지 명확하게 서술하자. 그런 다음 그 사람과 약속을 잡고(왜 만나는지 진짜 이유를 말해서는 안 된다), 만나서 편지를 읽어준다. 그런 다음 서로가 느낀 감정에 대해 의견을 나눈다.

의식적으로 선행을 베풀어라

제3강에서, 다른 사람들에게 좋은 일을 하는 것이 곧 자신에게 좋은 일을 하는 것임을 증명한 과학 연구를 언급한 적이 있다. 어쩌면 우리는 선행을 베풀 의지는 있지만 너무 순식간에 시간이 흘러가 그 기회를 놓치게 되는지도 모른다. 앞으로는 기회를 살피다가 그때가 오면 지나치지 말고 바로 실행에 옮기도록 하자.

길을 헤매는 할머니

폴은 여느 아침처럼 라데팡스 광장을 빠르게 가로지르는 사람들을 헤치며 출근하고 있었다. 그런데 어떤 할머니가 눈에 띄었다.

---

19   여러 연구에서 특정 행동을 습관화하기 위해서는 일주일에 한 번 정도 실천하는 것이 가장 바람직하다고 밝혀졌다. 지나치게 자주 하면 싫증 날 우려가 있기 때문이다.

할머니는 길을 잃은 듯했고, 무기력하게 "왜 아무도 내 말에 대답해주지 않지?" 하고 중얼거리고 있었다. 폴은 멈춰 서서 할머니에게 길을 알려주었고, 감사 인사와 함께 양 볼에 뽀뽀까지 받았다. 감동한 폴은 주위 사람들에게 이 경험을 이야기했고 다들 흥미로워했다.

오늘날과 같은 문명사회에서 어떻게 수십 명의 사람들이 어려움에 처한 할머니를 모른 체하는 일이 발생할 수 있을까? 스트레스, 여유롭지 않은 시간, 모르는 사람에 대한 두려움이 한몫했을 것이다. 정도는 다르지만 누구나 이런 요소들 때문에 선행을 베푸는 데 제동이 걸린다.

이러한 두려움을 극복하고 선행을 하면 선순환이 일어난다. 어려움에 처한 사람을 도우면 내 자존감이 높아지고 사회적 유대가 형성된다. 다음에는 다른 사람들을 좀 더 세심하게 대하겠다는 개인적 만족감도 얻게 된다.

일주일에 한 번 새로운 선행하기

일주일에 한 번 새로운 선행을 해보라!

먼저 당신이 할 수 있는 착한 일을 찾아보되, 아직 습관화되지 않은 일이어야 하며 싫증 날 만큼 단순해서는 안 된다. 일주일에 한 번, 그때그때 생각나는 새로운 아이디어 중에서 하나를 실행해보라.

행동하라

낙관주의자는 행동한다! 추구하는 삶의 모습을 떠올리고 그 생각대로 살아가라. 계획을 실행에 옮기고 신념을 실천하라.

가난이나 외로움을 극복하는 것, 장애아 돕기, 환경 보호 등 마음에 가장 와닿는 일을 찾아내자. 꼭 세상에 이로운 일이 아니어도 괜찮다. 어느 누구도 당신에게 테레사 수녀처럼 세상에 이로운 행동을 하라고 강요하지 않는다.

하고 싶은 일을 찾으면 그것을 실행할 수 있는 방법은 무수하게 많다. 현실의 어려움에 좌절하지 말고 행동하라. 도움이 될 만한 커뮤니티를 알아보고 그들의 도움을 받아라.

너그러운 마음으로 소통하라

앞서 너그러운 낙관주의를 키우기 위해서는 다른 사람과의 관계가 중요하다고 반복해서 강조한 바 있다. 관계를 잘 유지하려면 마음속에 담아둔 이야기를 표현해야 하는데, 이때 상대방이 잘 경청할 수 있는 방식으로 하는 것이 중요하다.

만약 의견이 대립할 경우 그것을 효과적으로 풀 수 있는 좋은 방법이 있다. 마셜 B. 로젠버그(Marshall B. Rosenberg)가 이론

화한 비폭력대화(NVC)[20]는 '자기 자신 및 다른 사람들과 공감
어린 대화를 하는 방법'을 말한다.

비폭력대화는 '부정적 느낌이란 충족되지 않은 욕구의 반영
이나 다름없다'는 견해를 전제로 한다. 또한 가능한 한 사실에
근거하고 함부로 판단하지 않으며, 충족되지 않은 욕구 및 감정
을 말로 표현하고, 이로써 진정한 대화를 유도한다.

위 개념을 이해하고 몸에 배게 하려면 훈련이 필요하다. 이
과정은 외국어를 배우는 과정과 비슷하다.

비폭력대화는 4단계로 진행한다.

1) 판단하지 않고 관찰하기: 주관적인 단계다. 단, 판단도 해
   석도 하지 않은 채 마음을 혼란스럽게 하는 것이 무엇인
   지 관찰한다.

2) 자기 느낌 표현하기

3) 자기 욕구 찾아내기

4) 분명하고 정확하게 자신의 요구 표현하기

   • 개별적으로 한 사람에게 호소해야 한다.

   • 현재 순간과 관련이 있어야 한다.

   • 구체적이어야 한다.

---

20 │ 마셜 B. 로젠버그의 저서 『비폭력대화』, 『갈등의 세상에서 평화를 말하다』에
     상세히 소개돼 있다.

- 실행 가능한 것이어야 한다.
- 상대에게 선택할 여지를 주어야 한다.

너그럽게 조정하기

베로니크는 회사 동료 중 한 명이 자기를 공공연하게 비판하고 다닌다는 사실을 알게 됐다. 그녀는 기분이 상하고 화가 났으며, 아무 일도 없던 것처럼 행동할지 아니면 그 동료를 만나 대놓고 따질지 고민했다. 그러다 비폭력대화 상담사와 의논한 뒤, 자신이 그 동료와 여전히 좋은 관계를 유지하고 싶어 한다는 것을 깨달았다. 그래서 동료에게 다음과 같이 말했다.

"내가 문제 파악을 잘하지 못한다고 말했다면서요. 여러 사람들을 통해 알게 됐습니다. 그 말을 듣고 깜짝 놀랐습니다. 그 평가가 부당해 보였고 마음이 많이 불편했습니다. 하지만 나는 당신과 신뢰 관계를 유지하고 싶고, 이제 당신의 충고를 들을 준비가 됐어요. 이런 제안을 할게요. 우선 내가 문제 파악을 잘하지 못한다고 느끼게 만든 요소가 무엇인지 구체적으로 말해주세요. 그리고 이제부터 함께 처리해야 하는 서류에 대해서는 그때그때 의견을 주고받도록 하죠. 서로 얼굴을 마주했을 때 지적하지 않은 내용을 다른 사람들에게 말하지 않도록 신경 써주었으면 합니다. 괜찮나요?"

비폭력대화 실행법

위 사례를 통해 비폭력 대화를 어렴풋이 이해했을 것이다. 지금부터 다음과 같은 훈련으로 비폭력대화를 실행에 옮기자.

1단계: 판단하지 말고 관찰하라

다음과 같은 공격적인 말을 사실에 입각해 다르게 표현해보자.

1) 거실이 돼지우리 같다.

⋯⟩ _____

2) 당신은 늘 투덜댄다.

⋯⟩ _____

3) 네가 동생을 괴롭히는 모습이 이젠 지긋지긋하다.

⋯⟩ _____

4) 당신은 시간 안에 서류를 제출하는 법이 없다.

⋯⟩ _____

이때 당신의 말을 신체 언어로 표현하지 않도록 주의하자. 예를 들어 눈살을 찌푸리거나 하늘을 쳐다보거나 한숨짓는 등 신체 언어를 통해 판단을 내비칠 수 있기 때문이다.

위의 예에는 이런 답변을 할 수 있다.

1) 거실이 돼지우리 같다. ⋯⟩ 당신 물건들이 거실 바닥에 널브러져 있고 소파에 빵 부스러기가 떨어져 있어.

2) 당신은 항상 투덜댄다. ⋯ 당신은 오늘 '되는 게 없어.' 하고 두 번 말했어.

3) 네가 동생을 괴롭히는 모습이 이젠 지긋지긋하다. ⋯ 어제 너는 동생의 손을 깨물었고 오늘은 뺨을 할퀴었어.

4) 자네는 시간 안에 서류를 제출하는 법이 없군. ⋯ 지난달 자네는 영향 분석 서류를 약속한 날짜보다 2주 늦게 제출했어. 오늘은 금요일인데 아직도 지난주 주간 대차대조표를 제출하지 않았고.

2단계 및 3단계: 느낌을 파악하고 욕구를 표현하라

무언가를 느끼는 것은 내재된 욕구 때문이다. 쉽게 따라 할 수 있도록 비폭력대화의 2단계와 3단계를 합쳐 소개한다. 위 상황에서 느낀 점과 충족되지 않은 욕구를 파악하고 표현하라.

1) _____

_____

2) _____

_____

3) _____

_____

4) _____

_____

자신의 느낌을 효과적으로 드러내기 위해 '나는'이란 표현을 사용하라. 예를 들어 이런 답변을 할 수 있다.

1) 나는 거실 상태를 보았을 때 화가 났어. 나는 집이 정리가 잘돼 있고 깔끔해야 기분이 좋거든.

2) 나는 욕구 불만을 느꼈어. 당신의 일 중 무엇이 안 풀리고 있는지 몰랐고, 당신을 위해 내가 무엇을 할 수 있는지 알 수 없었기 때문이야.

3) 나는 가족끼리 서로 사랑해야 한다고 믿기 때문에 네 행동을 보고 슬펐어.

4) 나는 기한 안에 일을 마치고 싶었기 때문에 자네가 서류를 제출하지 않은 것에 스트레스를 받았네.

4단계: 요구 사항을 전하라

위 상황에서 자연스럽게 전달하고 싶은 요구 사항을 작성해보자.

1) _____

_____

2) _____

_____

3) _____

_____

4) _____

_____

예를 들어 이런 답변을 할 수 있다.

1) 부탁인데, 저녁식사 전에 바닥에 널린 물건들을 정리하고 진공청소기로 빵 부스러기를 치워줄 수 있겠니?

2) 아이들을 재운 다음 둘이서 안 풀리는 일에 대해 의논해보자. 그렇게 할 거지?

3) 다음번에도 동생에게 크게 화가 나면, 나에게 와서 이야기하고 함께 대처법을 찾아보자. 어떻게 생각해?

4) 다음번 위기관리 대책 서류는 늦어도 마감 전날인 10월 15일까지 제출하겠다고 약속할 수 있겠나?

마지막으로 당신의 답변을 비폭력대화 형식에 따라 검토하라.

- 이 요구가 개별적으로 한 사람에게 호소하는 것인가?

- 현재 순간과 관련이 있는가?

- 구체적인가?

- 실현 가능한 것인가?

- 상대에게 선택할 여지를 주고 있는가?

부정적인 표현들을 쓰지 않는다

온통 부정적인 내용을 담은 표현, 명령으로 들리거나 평가받는 느낌이 드는 표현은 최대한 줄여라. 예를 들어 '……해야 한다', '당신은 ……한 사람이 분명해', '당신은 안 돼', '당신은 항상 이런 식으로 말해'와 같은 표현에 주의한다.

낙관주의를 유지하고 북돋아라

사람들은 대부분 삶의 많은 시간을 일하는 데 보낸다. 이때 가능한 한 평온하게 일하며 살 수 있기를 바란다. 그러므로 많은 사람들을 이끄는 리더의 역할은 아주 중요하다. 리더가 먼저 나서서 집단 구성원 모두가 개별적으로 긍정적이고 건설적인 자세를 갖추도록 이끈다면, 너그러운 낙관주의를 키우는 데 호의적인 분위기를 만들 수 있다. 높은 지위의 리더가 솔선할수록 낙관주의는 더 쉽게 확산된다.

제3강에서 살펴보았듯이 성과가 좋은 팀에서는 긍정적 상호작용이 부정적 상호작용보다 세 배 이상 많이 일어난다(로사다 비율). 직원들의 능력을 부각하고, 직원들이 자신의 취약점을 검토해 잠재력을 키울 수 있도록 돕는 것이 이상적인 리더의 역할이다. 훌륭한 리더는 굳이 스스로를 드러내기보다 맡은 역할을 성실히 수행함으로써 팀을 더 건강하게 만든다. 낙관주의가 확산된 조직은 팀원들이 긍정적으로 자신을 표현하며, 동료들을 지지하고 능력을 높게 평가하고, 회사와 팀 내 업무가 잘 진행되고 있다고 믿는다.

앞서 배운 로사다 비율은 회사에서도 적용할 수 있다. 리더가 한 직원의 장점을 수시로 칭찬한다면, 그 직원의 단점 역시에두르지 않고 바로 지적할 수 있을 것이다. 이때 중요한 것은 일상적으로 칭찬해야 한다는 점이다. 연례회의 때만 칭찬하는 버릇을 고치자.

너그러운 낙관주의자는 솔직한 사람이다. 만약 회사의 상황이 좋지 않다면(구조조정, 재정난, 시장 점유율 하락 등) 직원들에게 그것을 굳이 감추지 말아라. 리더가 할 일은 극단적 비관론과 상황 타개를 위한 부당한 처신을 배제하고 적절한 해결책을 찾는 것이다. 모든 팀원에게 회사 상황을 설명하고 현재 진행하는 업무를 지속해도 된다고 안심시키자. 또한 팀원 각각의 역할과 활동 방식에 관해 방향과 비전을 제시해야 한다. 회사에서 팀원들이 얼마나 중요한 역할을 하는지 이해시키면 그들은 기꺼이 함께할 것이다. 팀원들이 적극적으로 나서면 생산성이 향상되고 결근율이 낮아진다.

이 책에서 소개한 훈련들은 대부분 직장생활에도 적용할 수 있는 것들이므로 자신의 상황에 맞게 적절히 활용해보자.

일터에 적용한 '좋았던 일 떠올리기'

콜센터 책임자인 에리크는 불쾌한 고객과의 통화로 힘들어하는 상담원들을 독려해야 한다. 에리크는 직원들이 고객들과 특별히 기분 좋고 긍정적인 통화를 할 때마다 포스트잇에 그 내용을 써서 사무실 벽에 붙이게 했다.

직원들은 처음에는 머뭇거렸지만 점점 포스트잇 붙이는 데 재미를 느끼고 더 많이 붙이고 싶어 했다. 상담원들은 자신들의 일을 좀 더 객관적인 시선으로 보게 되었고, 결국 콜센터 사무실은 긍정적인 에너지로 가득 차게 되었다.

낙관주의와 너그러움으로 회사 경영하기

직원들의 너그러운 낙관주의를 북돋는 방법을 소개한다. 리더가 아닌 사람도 같이 일하는 동료를 위해 사용할 수 있을 것이다. 열거한 목록 외에도 다양한 방법이 있을 수 있으며 아이디어가 떠오른다면 주저하지 말고 추가하자.

맞이하기

아침마다 서로 인사하는 시간을 갖자. 바로 업무를 시작하기보다 팀원들끼리 인사하고 업무 외의 이야기를 주고받으며 시간을 보내게 한다(아침부터 서류를 제출하라고 재촉하지 말자). 만약 신입사원이 팀에 합류했다면 따뜻하게 맞이하고, 다른 팀 사람들과도 공식적으로 인사 나눌 기회를 마련한다.

귀 기울이기

귀를 기울이려면 신체적 그리고 정신적으로 현재에 집중해야 한다. 누군가가 상담하고 싶다면서 당신을 찾아왔을 때, 한창 일하는 중이라면 그 직원에게 잠시만 기다려달라고 하거나 다시 들러도 되는 때를 알려주자. 반대로 당장 이야기를 나누기로 했다면 하던 일을 즉각 중단하라. 다른 사람의 말에 귀 기울이면서 동시에 메일을 처리할 수 있다고 착각하지 말라. 설사 일 처리는 가능할지라도 당신을 찾아온 직원은 섭섭하게 여길 것이다. 상대방이 배려받고 존중받는다고 느낄 수 있게 하자.

격려하기

상황과 상대에 맞는 격려의 말을 하라.

"잘 해내리라 믿네"와 같은 간단한 한마디로도 의기소침한 직원을 북돋울 수 있다. 하지만 그 말이, 직면한 수많은 난관 때문에 괴롭다는 이야기를 30분 넘게 쏟아낸 대화의 결론이라면 해당 직원은 더 불안해할 것이다. 이런 경우 시간을 할애해 해결책을 찾을 수 있도록 적극적으로 도와야 한다.

지지하기

어떤 직원이 일과 관련해 또는 개인적으로 걱정거리에 직면했을 때 경영자의 지위를 잊지 않으면서도 직원의 입장을 고려한 적절한 태도를 취하라. 직원이 자신의 상황과 거리를 두고 낙담을 상대화하며 실수할 권리를 가질 수 있도록(그런 권리를 당신이 부여해서) 도와라. 또한 직원이 실수했을 때 갖는 부정적 감정을 받아들이도록 도와라.

만약 당신이 도울 수 없는 종류의 위기라면 그 방면에 유능한 사람(의사, 상담사 등)을 찾아가도록 권하라.

대화하기

앞에서 배운 비폭력대화법을 활용할 수도 있다. 원활한 소통을 위한 소통 프로세스를 만드는 것도 좋다. 직원 연수 등을 이용해 이러한 대화법을 적용해보라.

감사하기

기회가 있을 때마다 감사함을 표현하라. 고맙다는 말 이상으로 표현하라. 고마운 구체적 이유를 들어서 당신의 말에 신빙성을 부여하라. 예를 들어 이렇게 말할 수 있다. "미리 알리지 못했는데도 나 대신 회의에 참석해줘서 고맙습니다. 회의 때문에 오전 근무 계획을 다시 짜야 했다는 것을 잘 알고 있습니다."

칭찬하기

기회가 있을 때마다 함께 일하는 사람들을 칭찬하라. 다만 칭찬이 자연스러워야 한다. 즉 진심에서 우러나오지 않은 추켜세우는 말을 하지 말고, 상대에게 느낀 긍정적인 생각들을 분명히 전하라. 답변 메일에 간단한 칭찬을 덧붙이는 것도 좋은 방법이다.

기념하기

당신의 팀이 개인적이든 집단적이든 성과를 거두었을 때 그것을 기념하라. 성과가 얼마나 큰지에 따라 기념하는 방식을 다르게 하라. 주요 프로젝트의 성과를 기념한다면 팀원들을 위해 파티를 열어보자. 생일을 기념하기 위해서라면 회의 때 작은 초

콜릿 상자를 나눠줘도 좋다. 중요한 것은 함께 기뻐할 기회를 가능한 한 많이 갖는 것이다.

직원이 사직할 때도 기념하라. 작별 인사를 하고 앞으로의 삶을 응원하는 시간을 갖는 일은 남아 있는 사람들에게도 중요하다.

피드백보다는 피드포워드

모든 경영자는 규칙적인 피드백의 중요성을 잘 알고 있다. 직원들이 만들어낸 결과에 대한 피드백은 잘한 것은 부각하고 잘하지 못한 것은 개선하도록 돕는다.

조금 생소하게 들리는 피드포워드(Feed Forward)는 어떤 일에 착수하기 전에 성공에 필요한 정보를 미리 제공하는 것을 말하며, 과거의 경험을 돌아보는 대신 미래를 바라보는 행위다. 구체적인 제안을 통해 새로운 생각의 장을 열어주는 일이다. 물론 그 제안을 따르는 것은 상대방의 자유이며 그에 대한 가치 판단도 금물이다.

예를 들어 소피는 팀 회의 때마다 줄곧 위축돼 있다. 일반적인 피드백이라면 "당신은 팀 회의 때 발언을 잘 하지 않는 편인데 앞으로는 자주 하도록 노력해달라"와 같은 말을 건넬 것이다. 피드포워드를 활용한다면 이렇게 말한다. "다음번 팀 회의 때 당신이 보고하도록 임무를 맡기겠습니다. 다만 어떤 기록도 남기지 않겠습니다. 그렇게 하면 당신도 의견 교환에만 집중할 수 있을 것이고, 좀 더 적극적으로 회의에 임할 수 있을 겁니다."

자신의 몫을 하라

이 책을 통해 더 낙관적이고 너그러운 사람이 될 가능성을 발견했기를 바란다. 당신에게는 자신이 좋다고 생각하는 것을 이뤄나갈 자유가 있다. 때로는 시련이 있을 수도 있지만, 한 걸음 한 걸음 나아가는 것이 중요하다. 피에르 라비(Pierre Rabhi)[21]가 소개한 아메리카 인디언들의 벌새 이야기를 통해 당신을 응원하고자 한다.

벌새의 전설

어느 날 숲에 커다란 불이 났다. 동물들은 불이 난 곳을 바라보고 어쩔 줄 몰라 하며 공포에 떨었다. 그런데 작디작은 벌새 한 마리만이 쉬지 않고 강을 왔다 갔다 하며, 부리로 작은 물방울을 길어 불 속에 떨어뜨렸다. 아르마딜로가 짜증 내며, 그 정도로는 불을 끄지도 못할 텐데 왜 그렇게 분주히 돌아다니느냐고 물었다. 벌새가 대답했다. "알아, 그래도 내 몫은 하고 있어."

이제 당신 차례다!

이제 당신이 직접 해볼 차례다. 매일 조금씩 행동하면서 자신의 몫을 하라. 해나가야 할 훈련이 쉽지 않고, 제대로 해내지

---

21 │ 에세이스트, 소설가, 시인, 생태 농부, 환경보호단체 '콜리브리(Colibris)' 창설자.

못할 것 같은 기분이 들더라도 벌새를 기억하자. 이따금 실수할 수 있고 여전히 불완전한 상태라는 것을 받아들여라. 지금부터 당신이 해나갈 몫을 스스로 정하라.

내가 스스로 실천해나갈 일	나에겐 안 맞다	나중에 하겠다	하고 있다	계속 하겠다
매일 심장 일관성 훈련하기				
매주 자연 속에서 근원적 가치 찾기				
스마트폰 멀리하기				
나만의 행복 원동력 찾기				
긍정적 감정 노트 만들기				
일할 때 긍정적인 마음가짐 지니기				
나와 동료들의 일에 대한 비전 점검하기				
현재 순간에 몰두하고 즐기기				
마음 챙김 명상하기				
장점을 찾아내 자아상 지지하기				
기회가 있을 때마다 스스로 칭찬하기				
마음을 사로잡는 계획 세우고 착수하기				

마음껏 꿈꾸기				
미소 짓기				
슈퍼맨 자세 취하기				
유머 발휘와 자기 비판하기				
의지할 수 있는 사람 찾기				
의식적으로 선행 베풀기				
감사 표현하기				
삶에 감사하기				
비폭력대화 실행하기				
기타:				

마지막으로, 당신의 견해, 일화, 여러 다른 활동을 공유받고 싶다. 우리 홈페이지[22]에 접속해 의견을 남겨준다면 기쁜 마음으로 답변하겠다.

---

22 | www.delphineluginbuhl.com/me-contacter, www.pennelup.com/contact

- 대화할 때 상대에게 미소 지으면서 긍정적인 자세를 취하라. 이 러한 태도는 다른 사람이 보는 당신의 이미지를 결정짓고, 스스 로 자신을 인식할 때 큰 영향을 미친다.

- 긍정적인 자세와 더불어 유머를 활용하라. 특히 긴장된 분위기 를 풀 때 유머는 꼭 필요하다.

- 괴로운 감정에 사로잡혔을 때 이야기를 나눌 수 있는, 공감해 줄 만한 사람을 최소한 한 명이라도 곁에 두라. 그 사람이 바로 의지할 수 있는 사람이다.

- 감사하는 마음은 쾌락 적응에 대항할 수 있는 감정이다. 이를 통해 긍정적 요소를 찾아내고 다른 사람들의 가치를 인식할 수 있다. 고마움을 자주 표현하면, 유대감이 형성되고 자존감이 강 해진다.

- 삶이 당신에게 선사하는 모든 좋은 것들에 감사하라.

- 의식적으로 선행을 베풀면 당신도 감사를 받는 사람이 된다. 선행을 통해 자존감이 커지고 사회적 유대가 돈독해진다.

- 비폭력대화를 통해 공감, 너그러움, 판단 배제를 전제한 건설적 인 의견 교환을 할 수 있다. 낙관주의를 퍼뜨리는 데 이보다 좋 은 방법은 없다.

"나는 너그러운 낙관주의자가 될 수 있을까?
내가 실천할 수 있는 낙관주의 훈련법은 무엇인가?"

역자 후기

번역 원고를 탈고하고 그다음 날 영화 〈맘마미아 2〉를 관람했다. 영화의 삽입곡인 아바(Abba)의 'I have a dream'을 들으며 자막으로 가사를 보다가, 『비관주의자를 위한 낙관주의 수업』과 딱 어울리는 노래라는 생각이 들었다. "내겐 꿈이 있어요. 꿈이 있어 무엇이든 극복할 수 있어요. 실패하더라도 미래를 꿈꿀수 있어요. 내가 보는 모든 것에 좋은 면이 있음을 믿어요. 나를 위한 시간을 알아차리면 어려움을 헤쳐나갈 거예요." 이런 신념이야말로 낙관주의 그 자체 아니겠는가?

낙관주의는 무조건적인 긍정 마인드가 아니다. 낙관주의의 사전적 정의를 찾아보면 '세상과 인생을 희망적으로 밝게 보는 생각이나 태도'라고 설명하고 있다. 프랑스 라루스 사전에서는 낙관주의를 '세상은 좋은 곳이며 선이 악보다 더 큰 비중을 차지한다고 보는 철학적 견해. 상황을 좋은 쪽으로 해석하려는 마음 상태. 상황을 적절하게 해결할 수 있다는 자신감'으로 정의한다.

『비관주의자를 위한 낙관주의 수업』의 목차를 훑어보면 이러한 낙관주의에 대해 논리정연하게 전개하고 있음을 알 수 있다. 우리나라와 마찬가지로 비관주의가 만연한 프랑스의 독자 서평을 보면 하나같이 감탄 일색이다. 예를 하나 들어본다. "지하철에 앉아 몇 시간 동안 이 책을 탐독했다. 책을 접하지 못한 불운한 옆자리 승객들은 내가 자꾸만 미소 짓는 이유를 알지 못했을 것이다. 이 책 덕분에 낙관주의와 너그러움이 나의 신조가 되었다."

이러한 좋은 반응은 그간 손에 잡히지 않던 낙관주의의 개념을 비로소 입체적으로 접했기 때문일 것이다. 마치 낙관주의에 관한 수업을 하듯 구성된 이 책은, 이론으로 시작해 훈련법과 관련 사례를 풍성하게 제시하고, '새겨두기'나 '핵심 정리'를 덧붙여 독자의 이해를 돕는다. 또한 해당 내용을 읽고 직접 낙관주의를 테스트하고 자신의 성향을 써보도록 구성돼 있다. 저자 델핀과 오렐리는 자신의 경험을 들어가며 적극적으로 낙관주의를 설명한다. 그들은 낙관주의를 강화하기 위해 '의지할 수 있는 사람을 한 명 이상 찾아라'고 조언하고 있는데, 서로가 바로 그런 사람이라는 사실을 깨달았고 그 덕분에 이 책이 탄생할 수 있었다. 둘은 위기의 순간이면 늘 이런 말을 한다. "까짓것, 죽기보다 더하겠어?"

한편, 낙관주의자가 어떤 사람인지 알아보기 위해 낙관주의자가 아니거나 '위험한' 낙관주의자를 예를 들어 반증하기도 한다. 제1강과 제5강을 살펴보라. 또한 이 책의 핵심어인 '너그러운 낙관주의자'를 소개하는 제2강도 유념해서 보길 바란다. 낙관주의와 너그러움의 결합이야말로 이 책의 바탕이라 할 수 있다. 제7~9강은 낙관주의를 기르기 위한 훈련법을 소개한다. 일상생활이나 직장 등의 공동체 생활에 모두 적용할 수 있을 것이다. 저자들은 마틴 셀리그만, 바버라 프레드릭슨, 소냐 류보머스키, 마셜 B. 로젠버그 등 세계적인 연구학자들의 책을 적극적으로 인용하고 있다. 우리나라에 번역된 책은 최대한 찾아 참고했으며 관련 내용을 각주로 달았다.

우리는 비관주의와 비판이 범람하는 시대에 살고 있다. 이럴 때 낙관주의는 현실을 잘 견디게 해줄뿐더러 건강하고 넉넉한 세상을 만드는 데 한몫을 한다. 이 책을 번역할 수 있어서 뿌듯하다. 최악의 무더위 속에서 번역했지만, 과연 책 내용 덕분에 즐겁게 일할 수 있었다. 저자들이 낙관주의를 통해 사람들에게 긍정적 감정들이 생겨나고 선순환하기를 바라듯, 역자 역시 이 책을 통해 낙관주의라는 행복 바이러스가 널리 퍼져나가길 소망한다.

비관주의자를 위한
낙관주의 수업

초판 1쇄 발행 2018년 11월 5일

지은이 델핀 뤼겡벨, 오렐리 페넬
옮긴이 박태신

펴낸이 박희선
편집 이수빈
디자인 디자인 잔
마케팅 김하늘

발행처 도서출판 가지
등록번호 제25100-2013-000094호
주소 서울 서대문구 거북골로 154, 103-1001
전화 070-8959-1513
팩스 070-4332-1513
전자우편 kindsbook@naver.com
블로그 www.kindsbook.blog.me
페이스북 www.facebook.com/kindsbook

ISBN 979-11-86440-36-0 (03180)

* 이 도서의 국립중앙도서관 출판예정도서목록(CIP)은 서지정보유통지원시스템 홈페이지
 (http://seoji.nl.go.kr)와 국가자료공동목록시스템(http://www.nl.go.kr/kolisnet)에서 이용
 하실 수 있습니다.(CIP제어번호: CIP2018033137)

KINDS
BOOK

도 서 목 록

가지가지 세상에서
괜찮은 한 가지를 찾아가는

●

책

도서출판 가지의 영문 이름은 'KINDSbook'입니다.
책의 다양성, 책의 넓이를 생각하며
한 권 한 권 기획 출간하는 1인출판사입니다.
'가지'라는 이름은 세계를 이루는 여럿 속의 하나,
단독으로 존재할 수 없지만 독보적인 색깔을 지닌 무엇을 뜻합니다.
그런 사람, 그런 생각, 그런 취향을 찾아서
우리 삶의 지평을 넓히는 책을 만들고자 합니다.

주목하는 테마는 여행, 도시, 생태, 윤리적인 삶이며
현대인의 변화하는 라이프스타일 전반에 관심을 둡니다.
우리 삶을 구체적으로 바꿔내는 데 힘이 될 쉽고 친절한 인문교양서,
스토리가 탄탄한 실용 콘텐츠를 꾸준히 소개하겠습니다.

도서출판가지 출간도서

1 꽃바람 병수 씨 김병수 지음 | 15,000원

2 목포의 내일을 걷다 김종익 지음 | 15,000원

3 세계를 읽다 터키 아른 바이락타롤루 지음, 정해영 옮김 | 16,000원

4 작은 차 예찬 박규철 지음 | 16,000원

5 세계를 읽다 호주 일사 샤프 지음, 김은지 옮김 | 16,000원

6 세계를 읽다 프랑스 샐리 애덤슨 테일러 지음, 정해영 옮김 | 16,000원

7 에콜로지스트 가이드 푸드 앤드류 웨이슬리 지음, 최윤희 옮김 | 13,500원

8 에콜로지스트 가이드 패션 루스 스타일스 지음, 정수진 옮김 | 13,500원

9 세계를 읽다 이탈리아 레이먼드 플라워, 알레산드로 팔라시 지음, 임영신 옮김 | 15,000원

10 오늘은 빨간 열매를 주웠습니다 황경택 지음 | 16,000원

11 세계를 읽다 핀란드 데보라 스왈로우 지음, 정해영 옮김 | 15,000원

12 섬:살이 김준 지음 | 16,000원

13 세계를 읽다 독일 리처드 로드 지음, 박선주 옮김 | 15,000원

14 세계를 읽다 인도 기탄잘리 콜라나드 지음, 정해영 옮김 | 15,000원

15 몸을 쑵니다 플로랑스 비나이 지음, 박태신 옮김 | 13,500원

16 꽃을 기다리다 황경택 지음 | 16,000원

17 세계를 읽다 두바이 리나 아셔 지음, 서소울 옮김 | 15,000원

18 부산(여행자를 위한 도시인문학) 유승훈 지음 | 14,000원

19 엄마, 나는 걸을게요 곽현 지음 | 14,000원

20 겨울정원 김장훈 지음 | 17,000원

21 인생은 간결하게 쥐디트 크릴랑 지음 | 13,500원

22 세계를 읽다 일본 라이나 옹 지음, 정해영 옮김 | 15,000원

23 내 안의 자연인을 깨우는 법 황경택 지음 | 13,500원

24 세계를 읽다 베트남 벤 엔겔바흐 지음, 김아림 옮김 | 15,000원

25 비관주의자를 위한 낙관주의 수업 델핀 뤼쟁빌, 오렐리 페넬 지음, 박태신 옮김 | 14,900원

몸을 씁니다

프랑스에서 온 심리치유 운동법 소프롤로지 121

플로랑스 비나이 지음 | 박태신 옮김 | 13,500원

마음만으로는 잘 되지 않는 마음 다스리는 일. 이럴 때는 몸을 써서 한다! 소프롤로지는 '정신을 치유하는 가벼운 요가'라고 이해하면 쉽다. 마른 샤워, 내 몸 여행하기, 땅속까지 숨쉬기 등… 집이나 직장, 길, 대중교통수단 등 어디서나 실천할 수 있는 간단한 호흡법과 동작들로 이루어져 있다. 현대인들이 생활 속 다양한 위기들에 마음을 다치지 않고 살아갈 대응 기술로서 몸에 익혀두면 좋다.

인생은 간결하게

1인 다역에 지친 현대인을 위한 미니멀리즘

쥐디트 크릴랑 지음 | 권순만 옮김 | 13,500원

너무 많은 쓸모없는 물건, 너무 많은 쓰레기, 너무 많은 유혹, 너무 많은 정보… 이 모든 과잉에 마주한 우리는 갈수록 근원적 자아와의 괴리를 느끼고 단순함과 평온함으로의 회귀를 꿈꾸게 된다. 이 책은 엄마이자 아내, 직장인으로 살아가느라 자신을 잊고 지내야 했던 저자가 미니멀리즘을 통해 삶을 다시 주체적으로 일궈나간 기록이다. 스스로 깨우치고 실천해나간 실용적 관점의 미니멀리즘과 노하우를 담고 있다.

비관주의자를 위한 낙관주의 수업

소소하지만 확실한 행복 비법, 낙관주의 만나기

델핀 뤼쟁빌, 오렐리 페넬 지음 | 박태신 옮김 | 14,900원

"행복해지기 위해서는 공부가 필요하다!" 낙관주
의는 무조건적인 긍정 마인드가 아니며 세상을 바
라보는 하나의 방식이다. 낙관주의자는 난관에 부
딪혔을 때도 좋은 기회를 살피고 그 기회를 붙잡
아 행동할 줄 안다. 자신의 문제점을 똑바로 바라
볼 줄 알며 그에 대한 해결책을 모색한다. 이 책은
비관적이고 불운한 세상 속에서 살아가는 우리가
소소하지만 확실한 행복을 찾기 위해 꼭 필요한
인생 지침을 들려준다.

내 안의 자연인을 깨우는 법

어른들을 위한 숲놀이 책

황경택 지음 | 13,500원

숲에서 놀지도 못하고 어른이 된 사람들에게, 숲
해설가이자 만화가인 저자가 제안하는 일상 충전
용 '숲 사용법'을 모은 책이다. 산과 캠핑장, 도시
공원 등 주말에 자주 찾는 숲에서 누구라도, 혼자
서도 해볼 수 있는 자연체험 102가지를 위트 있는
삽화와 함께 소개한다. 장면마다 펼쳐지는 삽화
들 덕분에 마치 어른들을 위한 잘 만든 그림동화
를 읽는 듯한 기분도 느낄 수 있다.

에콜로지스트 가이드 푸드

환경정의 선정 '올해의 환경책'

앤드류 웨이슬리 지음 | 최윤희 옮김 | 13,500원

세계적인 환경 매체 〈더 에콜로지스트〉가 요점만
콕 짚어 알려주는 '윤리적 소비' 가이드의 음식 편.
바나나, 토마토, 샐러드용 채소, 달걀, 연어, 두유,
차와 커피, 와인에 이르기까지, 우리가 매일 먹고
마시는 음식들은 어떻게 우리 입까지 오는가를 추
적한다. 건강한 먹거리, 윤리적인 삶, 동물복지에
관심은 있으나 쉽게 다가갈 정보를 찾기 어려웠던
사람들에게 안성맞춤인 교양서다.

에콜로지스트 가이드 패션

환경정의 선정 '올해의 환경책'

루스 스타일스 지음 | 정수진 옮김 | 13,500원

현대 패션계의 가장 창의적인 화두, '윤리적 패션'
의 모든 것. 〈더 에콜로지스트〉가 알려주는 '윤리
적 소비' 가이드 패션 편이다. 유럽을 중심으로 한
친환경 브랜드들의 급부상과 재기 넘치는 그린 디
자이너들의 활약, 업사이클링과 빈티지 열풍 등
패션계의 새로운 경향을 보여주는 매우 유용한 가
이드로, 우리가 매일 입고 버리는 옷의 윤리성에
대한 놀라운 통찰을 보여준다.

오늘은 빨간 열매를 주웠습니다

황경택의 자연관찰 드로잉

황경택 지음 | 15,000원

'걷고, 줍고, 그리면서' 알아가는 자연관찰 드로잉. 사
계절 내내 우리들 발끝에 차이는 모든 종류의 자연물
을 주워서 그리고 관찰한 내용을 적었다. 만화가이며
생태놀이 교육가로 활동하는 저자는 탁월한 숲 이야
기꾼이다. 그가 일상적으로 그리고 기록해온 자연관
찰일기를 통해 도시의 다양한 풍경 속에서 자연을 발
견하고 관찰하고 그 신비한 이치를 깨달아가는 법을
배운다.

꽃을 기다리다

2017 우수과학도서 / 환경정의 선정 '올해의 환경책'

황경택 지음 | 18,000원

꽃은 예쁘다. 또한 신비롭다. 빛깔, 향기, 형태 등 모
든 것으로 우리를 홀린다. 숲 해설 전문가인 저자가
10여 년간 직접 관찰하고 그리면서 기록한 이 책은
단지 꽃의 아름다움만이 아니라, 식물이 온 힘을 다
해 겨울을 이겨내고 싹을 틔워 꽃을 피우기까지의
온 과정을 담고 있다. 그 치열한 한살이를 알아야
꽃의 진정한 아름다움을 이해할 수 있다는 것이 저
자의 생각이다.

겨울정원

"겨울에 아름다운 정원이 사계절 아름답다"

김장훈 지음 | 17,000원

정원 문화가 발달한 서양에서 '윈터가든'이라는
이름으로 사랑받고 있는 겨울정원의 개념을 정
리하고 겨울정원을 디자인할 때 유의할 점을 알
려준다. 겨울날 정원에서 감상할 수 있는 아름
다움을 겨울나무의 속살, 그래스와 마른 식물,
상록성 나무와 풀, 겨울에 볼 수 있는 꽃과 열매
등의 주제로 나누어 다루며, 누구라도 공감하며
읽을 수 있도록 식물과 가드닝에 관한 이야기를
어렵지 않게 풀어썼다.